时间的烟火

1995—2005 成都城市影像记忆

迟阿娟 著

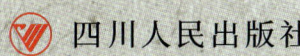
四川人民出版社

图书在版编目（CIP）数据

时间的烟火：1995—2005 成都城市影像记忆 / 迟阿娟著 . -- 成都：四川人民出版社，2024.1
ISBN 978-7-220-13495-1

Ⅰ.①时… Ⅱ.①迟… Ⅲ.①成都–地方史–摄影集 Ⅳ.① K297.11-64

中国国家版本馆 CIP 数据核字 (2023) 第 187918 号

SHIJIAN DE YANHUO: 1995—2005 CHENGDU CHENGSHI YINGXIANG JIYI
时间的烟火：1995—2005 成都城市影像记忆

迟阿娟 著

出 版 人	黄立新
书法题字	阿 来
策划编辑	李真真
责任编辑	雷 棚
融合统筹	袁 璐
封面设计	衡星妤
装帧排版	李秋烨
责任校对	舒晓利
责任印制	周 奇
出 版	四川人民出版社（成都市三色路 238 号）
网 址	http://www.scpph.com
E-mail	scrmcbs@sina.com
新浪微博	@四川人民出版社
微信公众号	四川人民出版社
发行部业务电话	(028) 86361653 86361656
防盗版举报电话	(028) 86361661
照 排	成都现当代文化传播有限公司
印 刷	四川新财印务有限公司
成品尺寸	185mm×245mm
印 张	28.75
字 数	284 千
版 次	2024 年 1 月第 1 版
印 次	2024 年 1 月第 1 次印刷
书 号	ISBN 978- -7 -220-13495-1
定 价	138.00 元

版权所有 . 侵权必究
本书若出现印装质量问题，请与我社发行部联系调换
电话：(028) 86361656

序

袁庭栋

当年读研时，读顾炎武《日知录》，见到一句告诫："人之患在好为人序。"为什么？因为"世之君子不学而好多言"。先贤之言有理，一直谨记在心。近年来有年轻的朋友写了新著，前来索序以示推荐，我是一概谢绝。为什么？因为怕落入"世之君子不学而好多言"的窠臼。此生中我只写过两篇序，都是因为自己和该书有若干关系，有予以说明的必要。

给阿娟这本《时间的烟火：1995—2005成都城市影像记忆》（以下简称《时间的烟火》）作序，是我主动提出的，实属一个例外。

为什么？原因当然有的。

我不会摄影，但是出于对乡土文化的热爱，我和四川摄影界的朋友们联系多多。1996年，出版了描绘成都的第一本中型摄影画册《锦绣成都》，我撰文，张德重组织图片，让我第一次熟悉了众多有关成都的摄影作品，结识了众多的成都摄影家。1999年，为庆祝中华人民共和国成立50周年，四川省和重庆市合作出版了大型画册《巴蜀文化图典》，同时四川单独出版了大型画册《四川五十年图集》。这两部大型画册具体工作主要由我承担，包括对图片的搜集和

时间的烟火

1995—2005 成都城市影像记忆

编排。那一年我结识了四川的大多数摄影家，在我手中流过的有关图片约五千张。2010年，我出版了《成都街巷志》一书，书中有图片一千多张，除少数几张是我自己拍摄的，其他全是成都摄影界新老朋友支援的，我和他们有了十分愉快的合作。2020年，《老成都影像馆数据库》在成都市图书馆上线，收录了1949年以前的成都老照片三千张。这件事，是由我策划并争取立项，经过三年努力才得以完成的。所以，我关注四川摄影，我想说几句和四川的摄影作品有关的话。

四川的摄影家不少，因为志趣各异，镜头朝向自然不同，故而姹紫嫣红，燕瘦环肥，东西南北，千姿百态。可是，当我一看见阿娟这本《时间的烟火》的初稿时我就爱不释手，因为它和众多的摄影画册不同，是在海量作品中选取1995年到2005年的纪实作品汇编而成，集中地反映了这十年成都城市变迁、百姓生活、文化艺术、时尚活动、节点事件，并记录那些有故事的人。其每张作品都交代时间、地点、人物、重要的事件和时代背景，给读者提供了准确翔实的信息。据我所知，选择这一重要的历史时期中的纪实摄影作品专集出版，这在我们四川是第一次。它还具有唯一性、史料性和文献性。

我十分重视1995年到2005年这十年，因为这是我们祖国在改革开放进程中特别有意义的十年。图片远比文字更真实、更生动。那一幅幅作品，带来的一次次视觉冲击让心灵激荡不已，那是若干个难忘瞬间，那是若干次感动，仿佛我就置身在画面之中，岁月的声音又在耳边回响。改革开放的成果，真多呀！成都城乡的变化，真大呀！回首过去的征程，难忘呀！一辈人的酸甜苦辣，更难忘呀！

年轻时，爱抄录名言，记住了车尔尼雪夫斯基的一句话："艺术的第一目的是再现现实。"中年以后，关注古代文化，编辑过四川画像砖和四川画像石的图录，我一直认为，四川画像砖和四川画像石就是汉代的影集，真实而生动，它对今天研究汉代历史的价值，超过了有关的文献资料。而今，四川画像砖和四川画像石的资料价值愈来愈重要，这是学术界的共识。

阿娟是一个辛勤的耕耘者，作为媒体摄影报道记者，她一直在坚持记录当下，拍下了数万张有价值的作品。这本《时间的烟火》只是她按年代选编出来的一本，我希望她在继续拍摄新作品的同时，继续整理库存，再选编这类的专集出版，我也希望我省摄影界其他的朋友也都来编辑出版这样的专集，为今人提供思考，为后人留下史料，为社会提供更多的有价值的精神产品。因为，这样的成果有如一句古话："韩信将兵，多多益善。"

时间的烟火

1995—2005 成都城市影像记忆

我们这样走过

米瑞蓉

第一时间拿到阿娟的《时间的烟火：1995—2005 成都城市影像记忆》打样稿时，翻看着，我笑了。太多的照片堆砌着一个城市的时光，看似熟悉却也藏不住那个年代对未来"肤浅"和"土气"的探究，但也正好应了那两个字"烟火"，那是点燃了对未来生活充满好奇和希望的烟火。

这些影像记录的时间都不算太久远，谈不上岁月悠悠，认真翻看，好像每一张照片都是那么亲切，因为那些都是我们眼眸里掠过的场景，眼眸后面的"幕布"一次次被刷新，一次次被覆盖，直到最后被置顶了出去……曾经的城市旧景遮挡不住拔地而起的高楼，曾经的单一色调衣着的后面跳跃着对多彩霓裳的追求，曾经的自行车大军里闪烁着对未来期盼的眼神。是的，我们就这样走过，如同一个城市就这样走过……

翻看这厚重的样稿，其中一张图片吸引了我——1996 年的成都百货大楼，那是 1986 年改建后的新百货大楼，现在的百货大楼已不再是这张照片上的模样。

从 1952 年到 2023 年，成都百货大楼已进入 3.0 版本。最初版本是 1952 年建成的苏式建筑——百货大楼，与之并肩的是另一座苏式建筑——成都新华书店，它们分别端坐在成都市人民南路广场（现天府广场）东南方向的东御街路口和西南方向的西御街路口，与之南北呼应的是成都旧皇城两侧的成都市人民政府原办公大楼、四川省八大厅办公大楼。这四栋大楼分别坐落在广场的东南西北四个角上，是当时成都市的标志性建筑。1986年，跟随首轮城市建设的步伐，成都百货大楼改建为五层，也就是阿娟照片中的景象，大楼的外表挂满了各种广告，"北大方正""彩虹电器""成都牌电视机"等等。再加上改革开放的春风吹拂，成都的商业气氛越发浓重。2008年，成都百货大楼迎来了第三次改造，楼更高了，霓虹灯闪烁，就连商厦的名字都几经易名。其实叫什么已经不重要了，固化在老成都人脑子里的还是成都百货大楼。

这些年来，每次路过天府广场，从来没有下车去看看那下沉式的广场和传说中的音乐喷泉，也没有走进更加繁荣的那座"成都百货大楼"，我更想把青少年时期的那座百货大楼的模样留在脑子里。

20世纪六七十年代，大多商品都是凭票供应，于是走进商场去看便成为一种享受，哪怕只是为了去触摸商品，也可以给人带来憧憬和愉悦。那时的布料缠在一块薄木板上，一匹一匹地排在柜台上，你选中几块就可以请售货员取下在柜台上确认。之后售货员会再确认你是否有布票，然后按尺计算卖，剪下布料前会多放一点尺寸。旁边买布的和看热闹的会说，多放一点吧！售货员则笑着说，你看，放了这么多了。所谓多也不过一指宽而已，但对于买布的人来讲就是大大的实惠了。那时的结算方式也很特别,买布前售货员会将布票和钱夹在一个铁夹子上,通过头顶上方的铁丝线滑到中央收银台,那边收完钱再把找零和盖章的票据滑回来,交易就算完成了。在大家羡慕的眼光中,拿着布料的人骄傲地走了。

现在的人听来怕是觉得不可思议,然而这就是一个城市、一个社会发展的过程,走过了,经历了才会越发体会到社会的进步。我们感谢这个城市有阿娟这样的记录者,用他们手里的相机记录着这里发生的一件小事,一个小场景,一群小人物,一个小舞台,待它们汇集成册时,就是一个城市变迁的证明。在镜头里那些曾经生活过的场景,后来变成了钢筋水泥的森林,城市立体了,天际线高了起来;在镜头里那些迎来送往的"摩登洋盘"过客,后来成为推动这个城市成为时尚之都的动力;在镜头里那些怯生生的外乡人,后来渐渐融到这个城市,成为新成都人。

庆幸我们有像阿娟一样的时代记录者,让我们不再仅仅用大脑的沟沟壑壑去记忆那些生活的碎片和城市的场景。这些照片就如同带着我们穿梭在时空隧道,光斑闪烁,激活惊喜。每一个场景就如同是在让翻看这本摄影集的你端着相机轻轻地按下快门,不用问曾经的青春在哪里!

1995—2005年,十年的影像记录如同升上天空的烟花,如青春一样在绽放,如友谊一样在交织,带着你与这个城市的共同记忆和成长,也带着年代的体温……

写在前面

1995—2005 年。

这十年，成都就在我的眼前，它是那么的近，又是那么的远。当底片呈现出影像时，我既惊讶又觉恍如隔世。

这十年，它是那样的熟悉，又是那样的陌生，那些既熟悉又陌生的场景像空中的烟花一样，在时间的长河中瞬间迸发，还没来得及正视就淡出了我们的视线……

这十年，我们穿越在 20 世纪和 21 两个世纪，无数感动的画面在脑海中闪过。

这十年，时光悄然流逝，城市越来越大，街道越来越宽，景色越来越美。成都经济飞速发展，在我们不易察觉的变化中，当一个和过去不一样的成都呈现在我们的眼前时，恍惚中竟有不真实的感觉，那些还带着昨日余温的定格画面悄然成为历史。

20 世纪 90 年代中期，全国市场化纸媒迅猛发展，我以一个媒体人的身份，亲历、见证、感知并记录报道成都这座城市。用摄影这一特别的表达形

时间的烟火

1995—2005 成都城市影像记忆

式，重现这十年来成都那些本真的生活场景、那些有故事的面孔、共同经历的事件、已经消失的地方……唤醒我们对那段逐渐远去的历史的记忆，通过这些影像的切片，希望能看到城市在这十年里生长的脉络轨迹及故事的影像文本。

这一切仿佛都是昨天的事情。

老成都是我们回不去的地方，这些影像没有讲究的光影，没用精美的构图，它只是最真实的瞬间。老成都看起来也没有那么光鲜，但这些影像承载着我生活和工作的回忆，它是温暖的，这也许就是我和你留在成都喜欢成都的一个最好的理由。

1995年六一儿童节新华书店看书的孩子和家长、那些年参加高考的七中学子、曾经在学校当小记者的孩子、那个在少年宫不情不愿学琴的孩子、当年在总府路表演的街头艺人、在院坝里踢球的学生和在公园春游的孩子、在成都第一家肯德基里陪孩子的漂亮妈妈、下莲池街改造前包饺子过年的邻里街坊、冬日宽巷子老街晒太阳的老人、荷花池的绳绳军、在猛追湾游泳场游泳的年轻人、陈麻婆豆腐老店前合影的人们、蜀都大厦前为国足进入世界杯预赛欢呼雀跃的年轻人、美领馆前抗议美国炸毁南联盟大使馆的群众……

你们在哪里？

穿梭在成都大街小巷的人力三轮车早已销声匿迹；曾经的大慈寺老街区已成为时尚的太古里商圈，如果不是原址保留的字库塔，也许很多人已记不起它原来的模样。

宝墩、三星堆、水井坊遗址的考古发掘让人们惊叹。2001年的金沙遗址发掘现场，刚出土还未来得及修复的太阳神鸟让我们触摸到成都数千年前的文明和历史文脉。

人民商场十字路口的自行车车流，路上红色的夏利、奥拓，伴随一代孩子们成长的成都世界乐园、西南日月城、国防乐园、新华公园水族馆、塔子山鸟语林、温江水上世界，随着城市的规划建设成为人们的记忆。

天府广场发生的种种印象深刻的场景——庄严的升旗仪式、盛况空前的全国糖酒会、市民自发纪念邓小平活动等，历历在目。

人民商场、成都百货大楼、商业场、春南百货、青年路一条街，是老成都人的记忆。20世纪90年代后期进入成都的王府井百货、太平洋百货、协和百货、摩尔百盛、尖东名店更以各种时尚秀、选美比赛、明星表演等方式吸引顾客，连长虹集团董事长倪润峰也现场签名售机。伊藤洋华堂、家乐福则开启了新的购物体验。

府南河一号工程建设、第一条高速公路成渝高速通车仪式、双流扶贫攻坚万人场面、《新周刊》"第四城"特刊发布会、杜甫草堂迎来第5000万位游客、"见义勇为"出租车司机林军获赠住房……这些场景庄重又温馨。

公用磁卡电话亭、书报摊、楼道里的报箱，那根连着读者和明星的热线，腰挎BB机、手拿大哥大的人，传呼台小姐……串联起当年的信息传播渠道。

时间的烟火

1995—2005 成都城市影像记忆

  春熙路夜市闭市、大慈寺宽巷子改造、法拉利玛莎拉蒂形象小姐选拔并巡游、LV第一场大秀开幕、第一家肯德基入驻、第一家麦当劳入驻……

  成都民间说书艺人李伯清通过媒体走进大众视线，走上了更大的舞台。20世纪90年代，成都行为艺术、全国人体摄影大展、身体彩绘，让人们看到了成都文化开放的姿态。

  费翔、谭咏麟、齐秦、齐豫、崔健、张国荣等明星演唱会，谢晋、张艺谋、姜文等电影宣传，理查德克莱德曼钢琴音乐会、欧美音乐会、俄罗斯芭蕾舞、人艺话剧等演出，川剧院、歌舞剧院等上演的精彩节目，陈娟红、马艳丽、陈逸飞商场时装秀、新丝路模特大赛、西南精英模特大赛、成都国际时尚周、足球宝贝时尚选秀、南郊公园集体婚礼、世纪婚典、务工者集体婚礼、新"夸父追日"等，让世界知道了成都，让成都看到了世界。

  李宇春、张靓颖、何洁、冯家妹、文瑶、谭维维等从超级女声脱颖而出。超级女声以群众性、互动性和娱乐性，在中国娱乐界产生了颠覆性的影响，成为值得人们记忆和思考的文化事件。

  成都国际熊猫节、中国艺术节、四川天府书市、中国国际美容时尚周、全国糖酒会、四川美食节、中国西部论坛的举办，金庸、余光中等大家的造访，吴冠中、秦怡、陈钢、章含之、丁聪等的签售，当代五粮液作家笔会汪曾祺等和新锐作家笔会王朔等作家，引发文化热潮。

  俄罗斯、美国宇航员列昂诺夫、格列奇科、别列佐沃依、露西德、杰利·罗斯的到来，在成都掀起宇航梦和科幻热。英特尔总裁贝瑞特、世界银行行长沃尔芬森造访成都，看好西部的发展。

马识途、流沙河、车辐、阿来、何多苓、翟永明、樊建川、袁庭栋等成都文化人，蓝顶、白夜、小酒馆等老成都文化地标，也是外地人喜欢和向往成都的原因。

摄影让我们拥有了捕捉世界瞬间的机会并以此来记录时间流逝的轨迹。老照片就像时光机，能找到那些消逝的痕迹还能唤起我们的记忆。感谢摄影术的发明人路易雅克曼德盖达尔让我们通过瞬间留下记忆！

感谢成都市地志办的支持，存史启智、志鉴未来，让本书的史料价值得以提升！

回望十年，我们发现，来时的脚印依旧清晰……让我们一同回望1995—2005，在这微微泛黄的有着时间印记的影像里相遇。遇见你，遇见他，遇见自己。

最后，为符合时代语境，本书个别词汇沿用旧称，特此说明。

目录

壹 濯锦江边两岸栖 1

贰 最是刹那时空定 8

陆
击
悠闲居住是成都 369

伍
芙蓉面貌桃花颜 311

肆
笑语不歇街巷行 263

叁
文情脉脉光阴在 137

濯锦江边 两岸栖

过去的岁月,仿佛就在昨天。

1995年，
六一儿童节在新华书店看书的孩子和家长

时间的烟火

1995—2005 成都城市影像记忆

见此图标
微信扫码

回溯时光,带你回
味记忆中的老成都

看·名人趣谈
寻·天府文化
品·成都印象

1995年2月27日,
总府路的街头艺人

时间的烟火

1995—2005 成都城市影像记忆

1995 年,在成都世界乐园演出的年轻人

　　成都世界乐园建于 1994 年,园中有匈牙利英雄广场、埃及金字塔、美国尼亚加拉大瀑布等代表世界各地民族风情特色的景点建筑 108 处。世界乐园曾经创下一年入园游客超过 100 万人次的纪录。现为成都纺织高等专科学校校区。

1995年,
在成都亚洲飞碟射击锦标赛上,巴塞罗那奥运会飞碟射击冠军张山接受央视记者采访

时间的烟火

1995—2005 成都城市影像记忆

1996年4月，新南门大桥上的小商贩

1996年4月,来自成都、新都、都江堰、蒲江的十佳少先队员在新津华润学校联欢晚会上才艺展示

　　1996年4月,由共青团成都市委、成都市少工委组织成都市第三届十佳少先队员和新津华润学校的千余名学生欢聚一堂,开展"学十佳手拉手交朋友"的活动。

时间的烟火

1995—2005 成都城市影像记忆

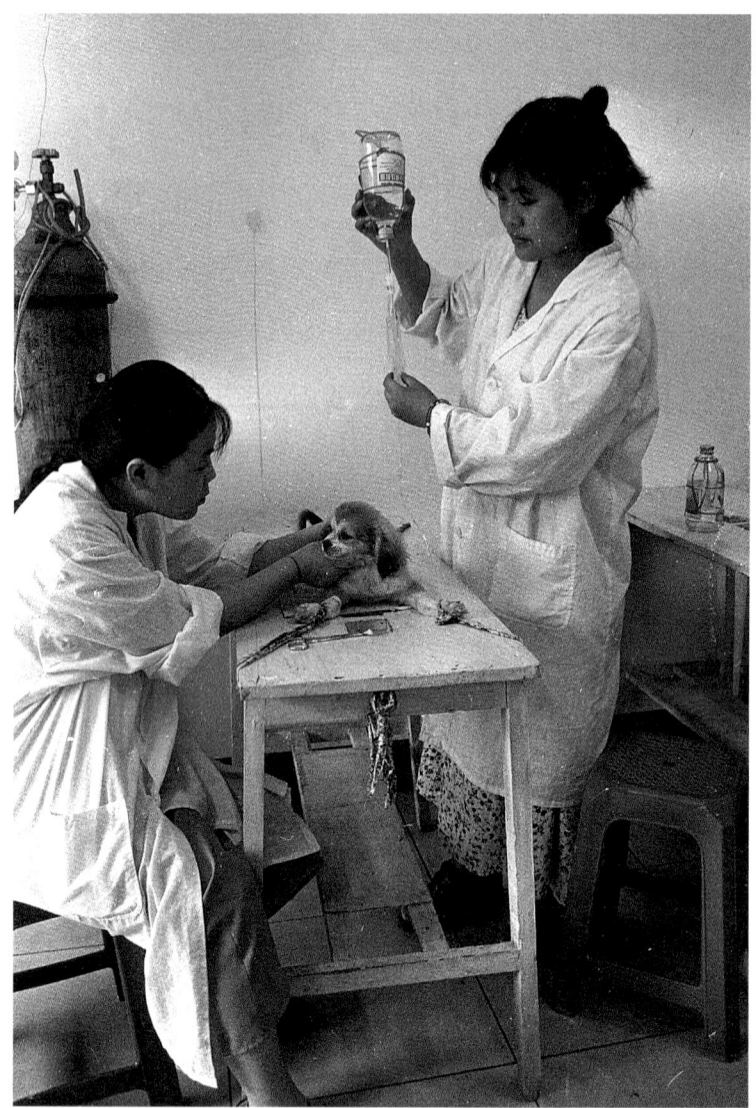

1996年5月,成都的宠物医院

1996年5月16日，成都实验小学六年级的孩子们带着校园里的樱桃看望骡马市未来号天桥下执勤的交警

  未来号天桥始建于1987年，它是由50万市民众筹31.6万元建成的。未来号天桥寓意为展翅待飞的鸽子，桥中央的金属雕塑由四只簇拥的鸽子组成，中间镂空的图案也是鸽子的形状，代表了飞向天空的未来主人翁。2003年，未来号天桥被拆除。

时间的烟火

1995—2005 成都城市影像记忆

1996年8月，在游戏厅的孩子们

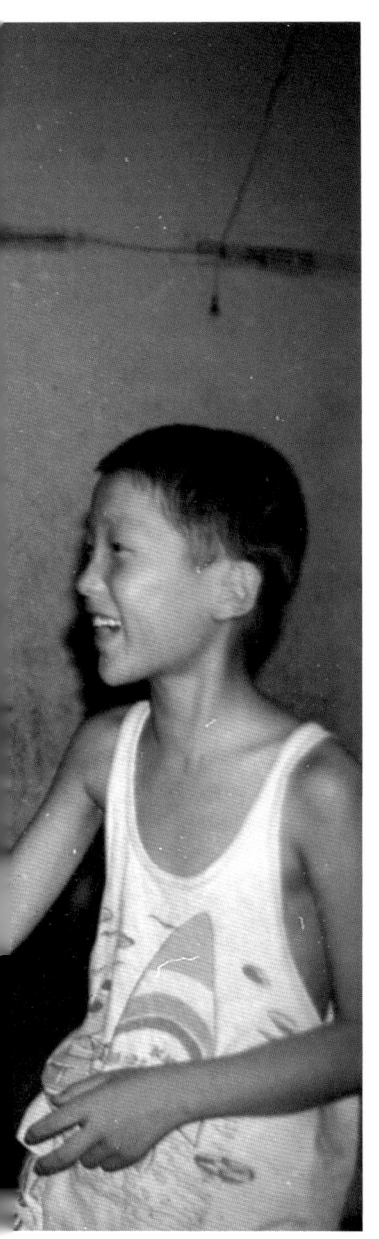

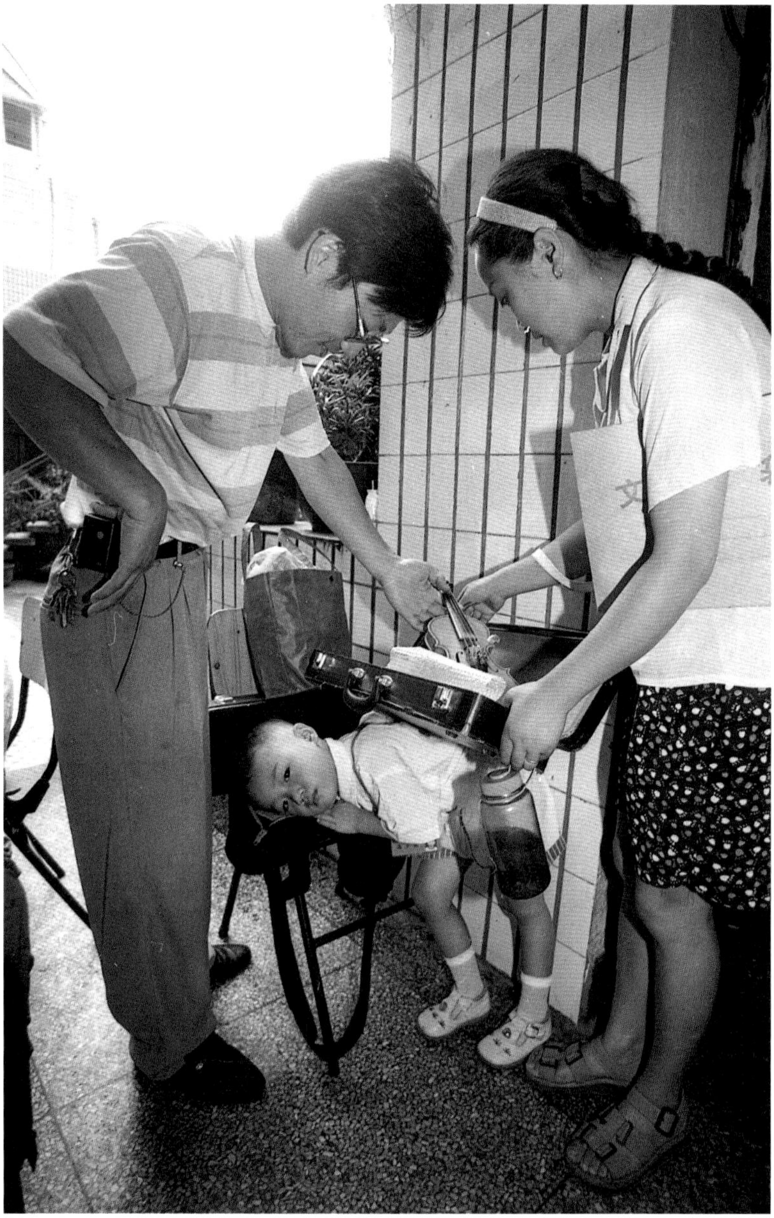

1996年8月,成都顺城大街成都市青少年宫,一个躲在琴盒袋里的孩子

　　成都市青少年宫始建于1958年,当时称为"成都市少年之家",1983年3月更名为成都市青少年宫,是具有多年历史积淀的青少年校外教育、活动场地。

时间的烟火

1995—2005 成都城市影像记忆

1996年10月1日，在天府广场观看升旗的市民们

1996年10月16日,
鼓楼街小学大队部在十二桥死难烈士墓前为新入队的少先队员举行入队仪式

时间的烟火

1995—2005 成都城市影像记忆

1996年,下莲池街改造前老邻居们一起包饺子

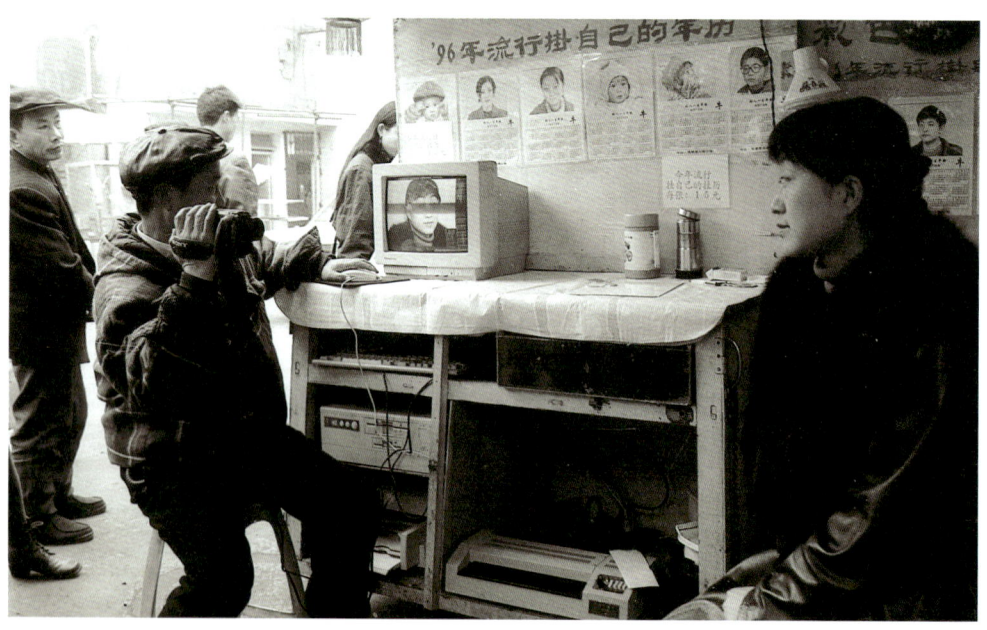

1996年12月,不挂明星不挂美人流行挂自己,只需10元就可以通过电脑制作一张带有自己肖像的年历或者贺卡

1996年，成都七中王小川（左）获得国际奥林匹克信息学竞赛金牌，受到成都市政府表彰，王小川也因此被招入清华大学计算机系

1997年3月，在滑冰场的孩子们

时间的烟火

1995—2005 成都城市影像记忆

1997 年 5 月，在成都人民公园春游的孩子们

　　始建于 1911 年的成都人民公园原名少城公园。2001 年，人民公园"破墙透绿"，成为成都市第一个还绿色于市民、开放式的风景园林历史公园，也是一座集文化文物与休闲娱乐于一体的综合性园林。

1997 年 5 月，西南日月城国标舞老年集体舞比赛

　　西南日月城位于成都市双流牧马山旅游经济开发区内，是一座以西南民族文化艺术为主，辅以现代化游乐科技手段的大型民族文化艺术主题公园。

时间的烟火

1995—2005 成都城市影像记忆

见此图标
微信扫码

回溯时光,带你回味记忆中的老成都

微信扫码

看·名人趣谈
寻·天府文化
品·成都印象

1997 年,在成都"陈麻婆豆腐"餐馆门前合影的市民

　　陈麻婆豆腐始创于 1862 年,在清朝末年被列为"成都著名食品",至今盛名不衰。2005 年 6 月 14 日,中华老字号、成都百年老店"陈麻婆豆腐"青羊店惨遭火灾,付之一炬。

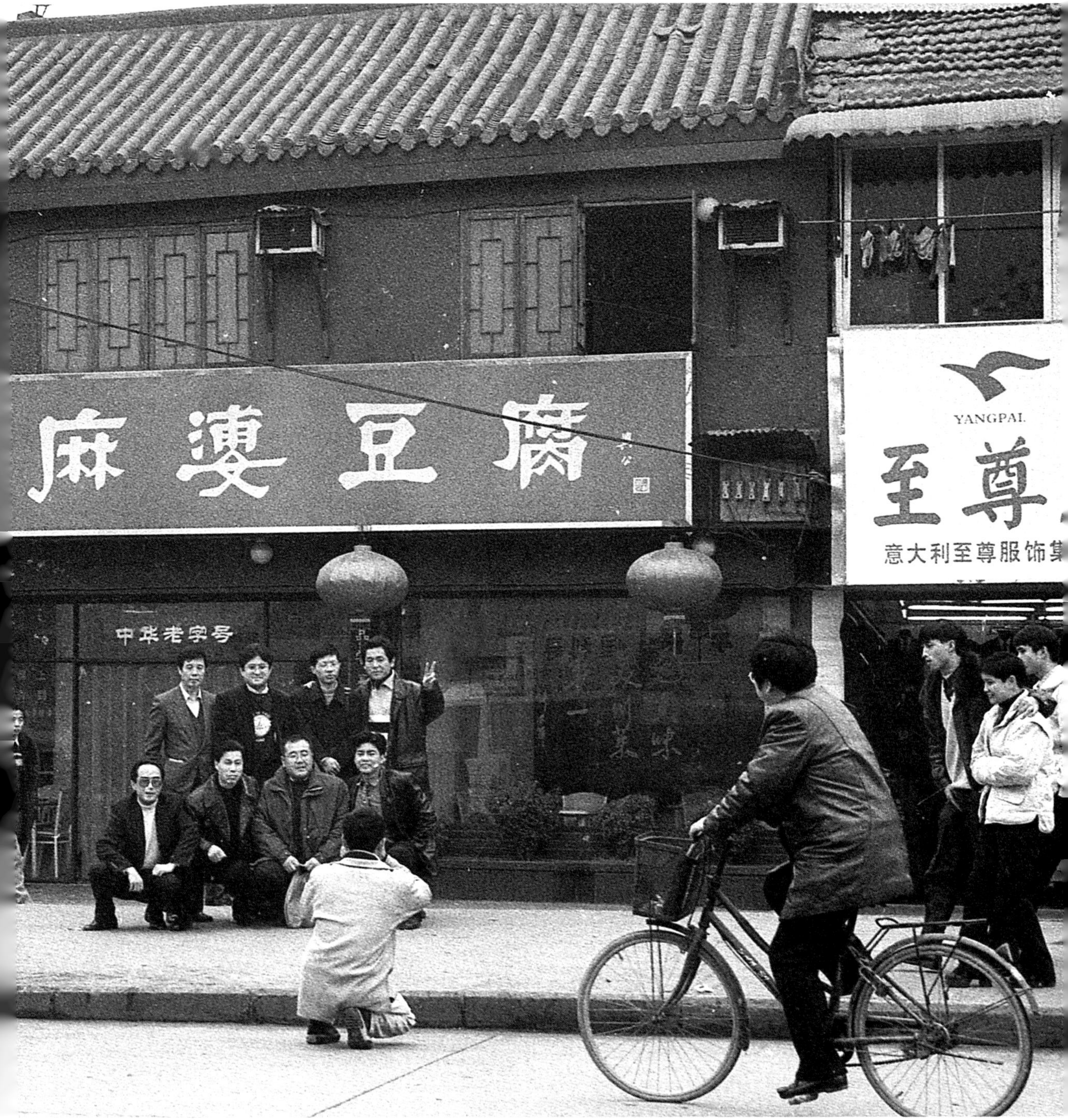
麻婆豆腐
YANGPAI
至尊
意大利至尊服饰
中华老字号

时间的烟火

1995—2005 成都城市影像记忆

1997年,"科普活动月",在四川省展览馆(2006年原址建成四川科技馆)观看中国酒泉卫星发射航天模型的孩子们

1997 年，在成都理工学院恐龙博物馆观看恐龙化石的孩子们

时间的烟火

1995—2005 成都城市影像记忆

1997年，在沙河捕鱼的市民

1997 年，
温江金马国际赛马场赛马比赛

  1993 年，温江县（现成都市温江区）金马镇开办起赛马场。随着国内马术俱乐部逐渐兴起，2012 年中国马术节开幕式在全新的金马国际赛马场开幕。速度赛马、场地障碍等竞技赛马项目和马术节嘉年华、马主题艺术展等活动吸引了近万人观看。

时间的烟火

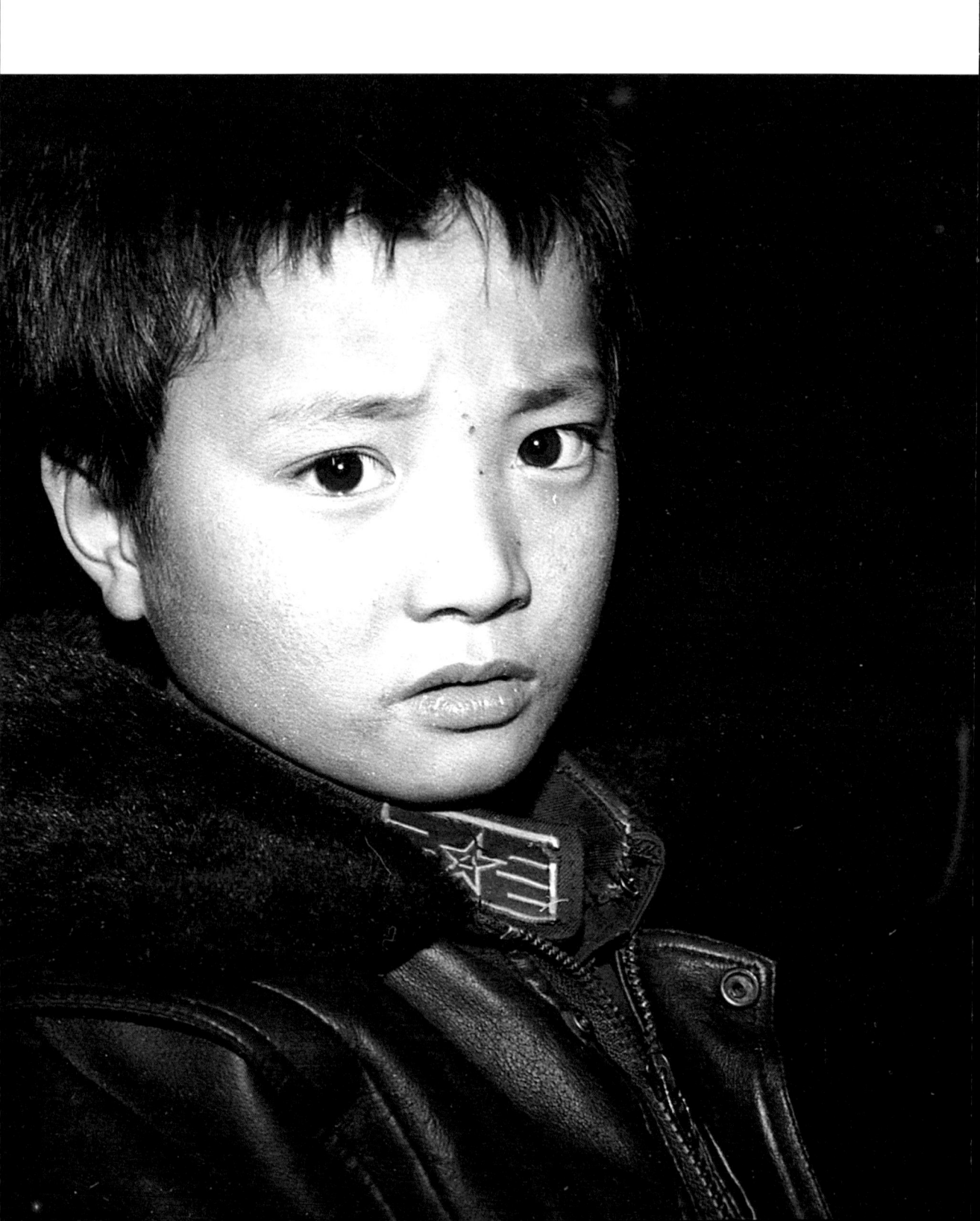

1995—2005 成都城市影像记忆

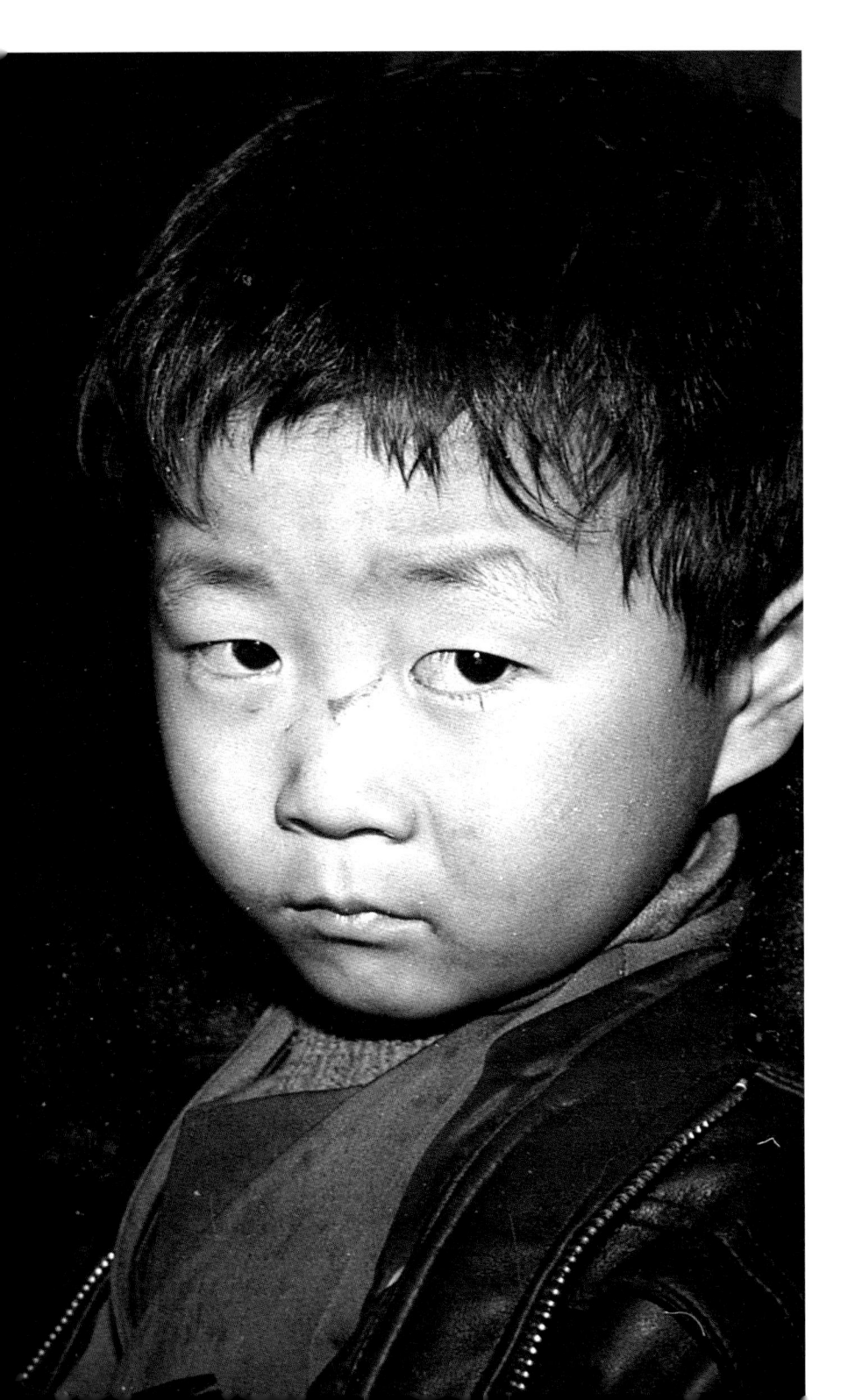

1997年，
成都有关部门解救
被拐儿童

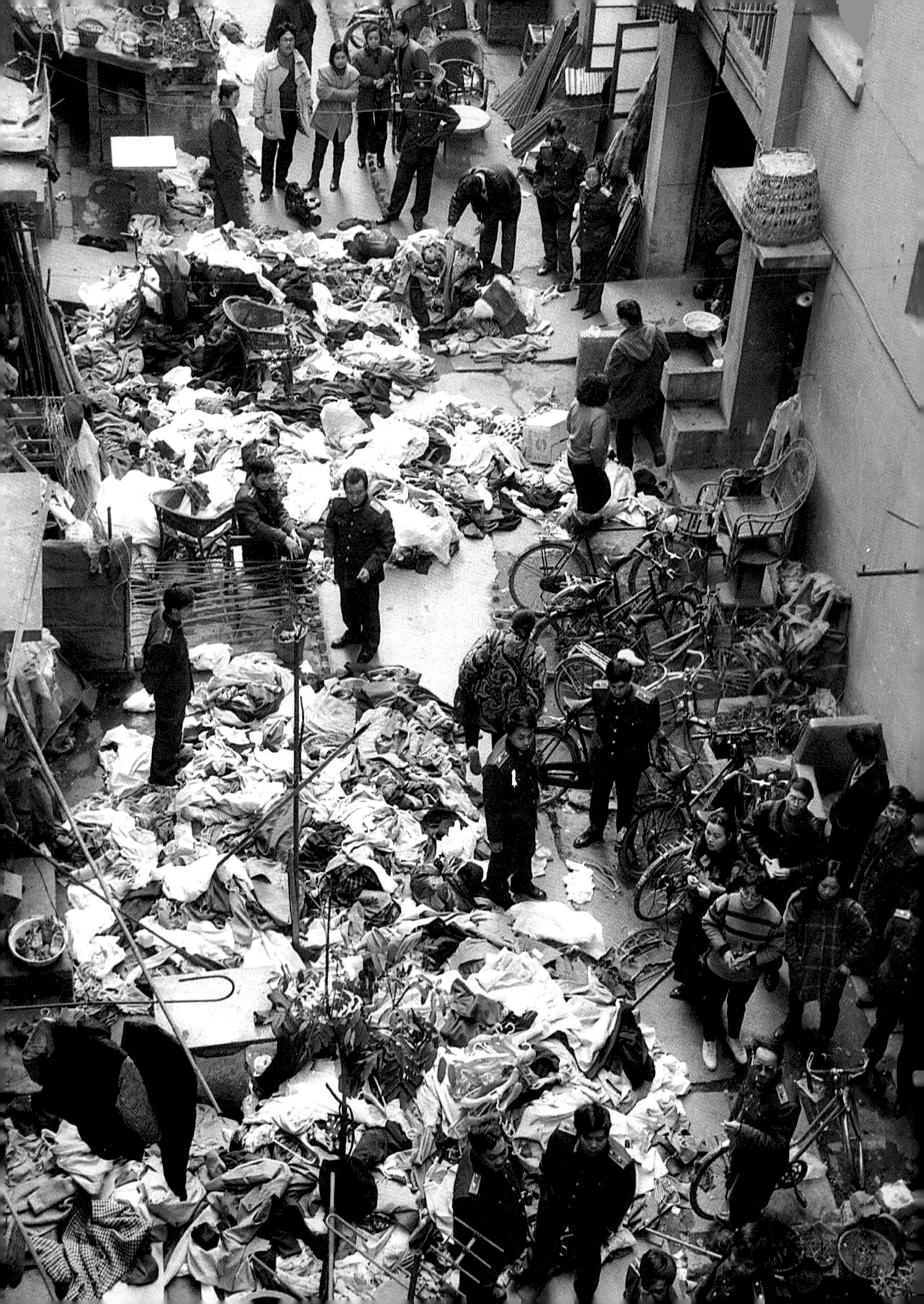

1998年2月，春熙路收缴洋垃圾

　　1998年2月，成都市工商局、市消协联合省纤维纺织皮革检验所，对成都南新街34号的旧货聚集地进行了清查，查获1万多件来自国外的旧服装。

时间的烟火

1995—2005 成都城市影像记忆

1997年，在新华公园表演的腰鼓队

1993年4月20日新华公园开园，2001年5月1日实行免费入园。

1998年，成都街头等红灯的市民

时间的烟火

1995—2005 成都城市影像记忆

1998年，孩子们在成都塔子山公园鸟语林玩耍

  1998年，成都塔子山公园的鸟语林开放。鸟语林是西南地区唯一的集鸟类驯养、繁殖、观赏、表演、科普宣传于一体的大型生态旅游园。园内汇集了世界各地的珍稀鸟类170多种5000多只。鸟语林的鹦鹉和孔雀表演最受孩子们的喜爱。

1998年7月，府南河音乐广场音乐会现场的外宾和孩子

时间的烟火

1995—2005 成都城市影像记忆

1998年，四川省展览馆证券交易大厅

1998年，成都总府皇冠假日酒店举办德国啤酒节

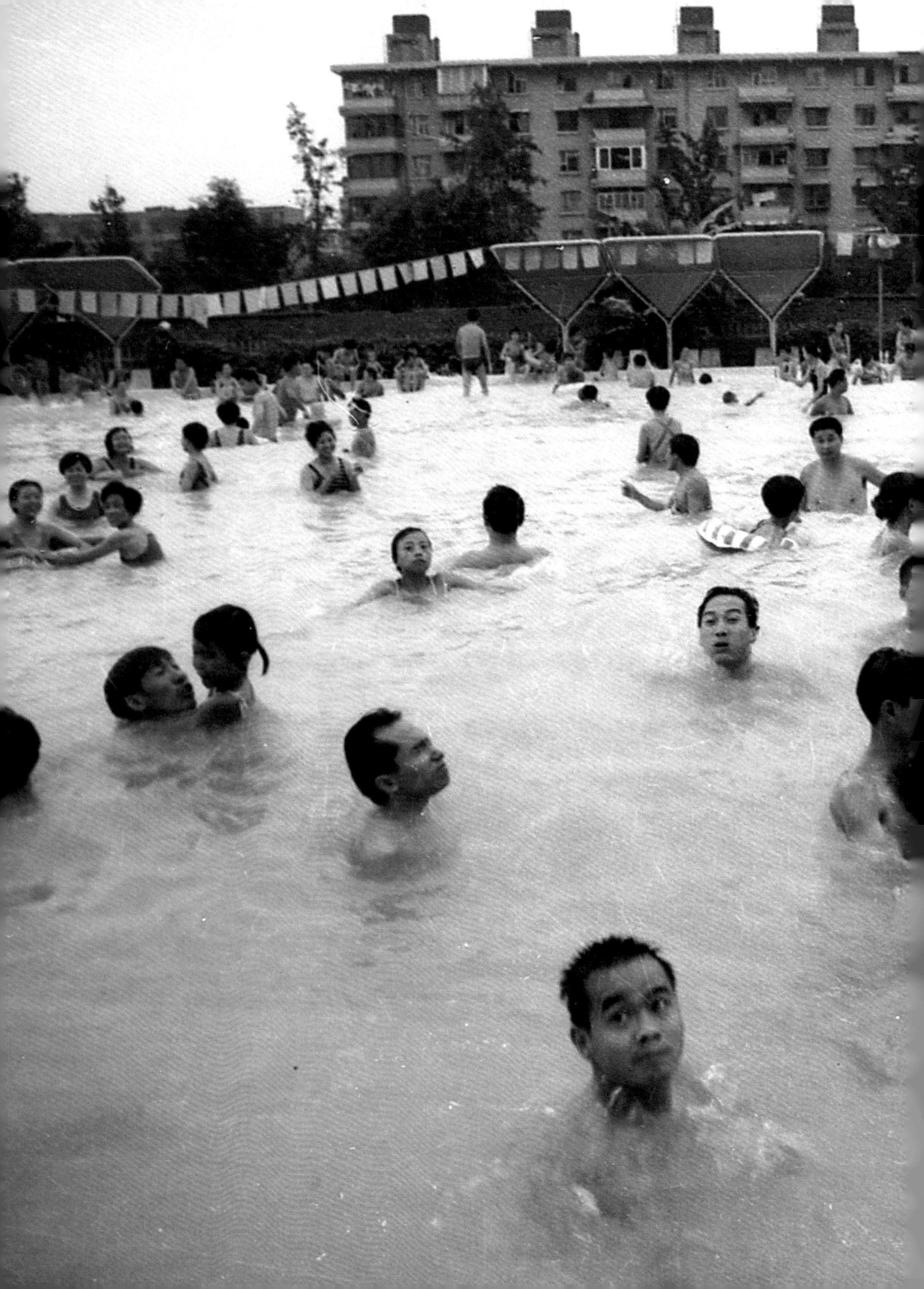

1998 年，在猛追湾游泳场游泳的市民

至今有 60 多年历史的猛追湾游泳场是成都人的集体记忆。

1998年，
双流扶贫攻坚誓师大会上的当地民众

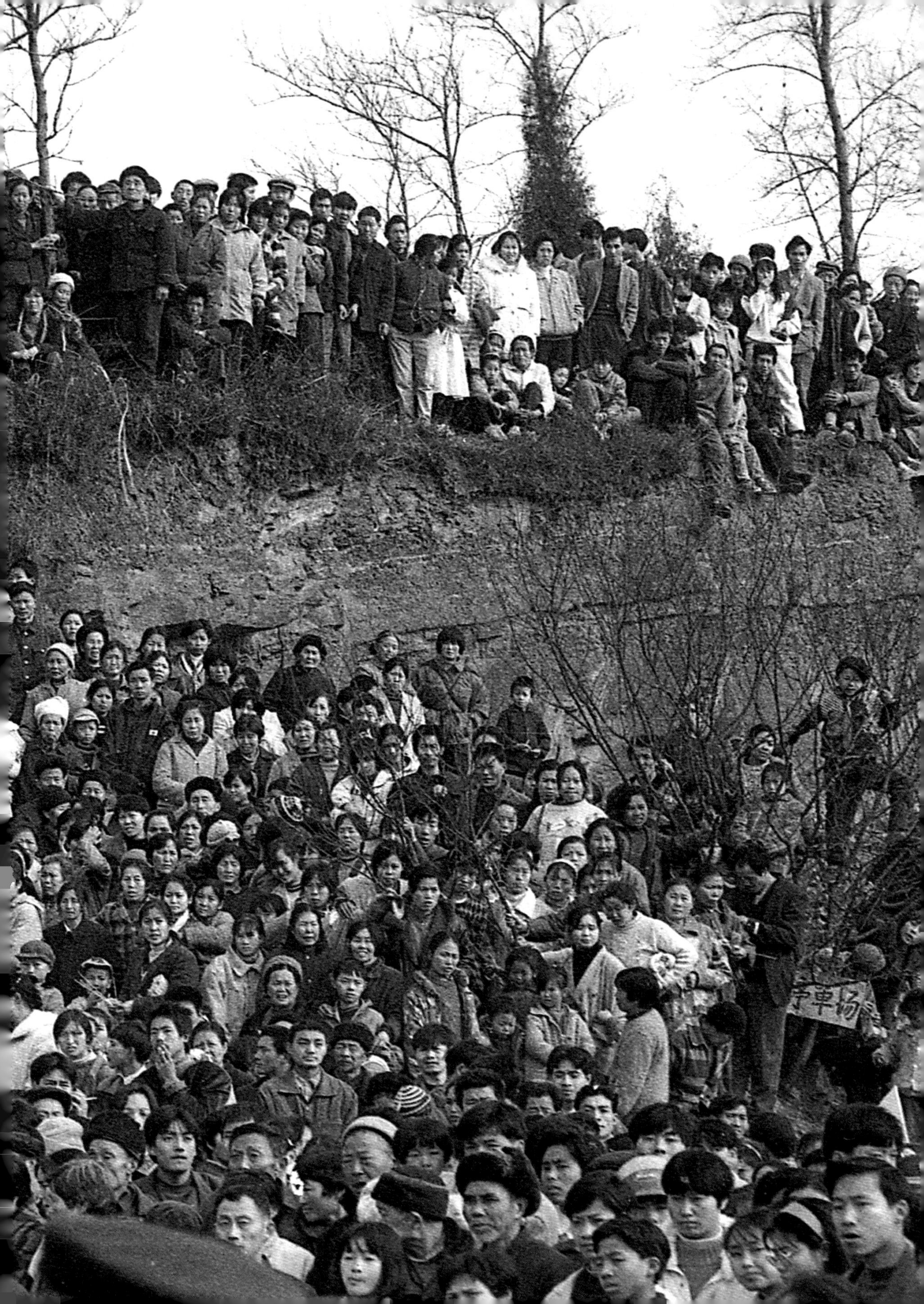
車场

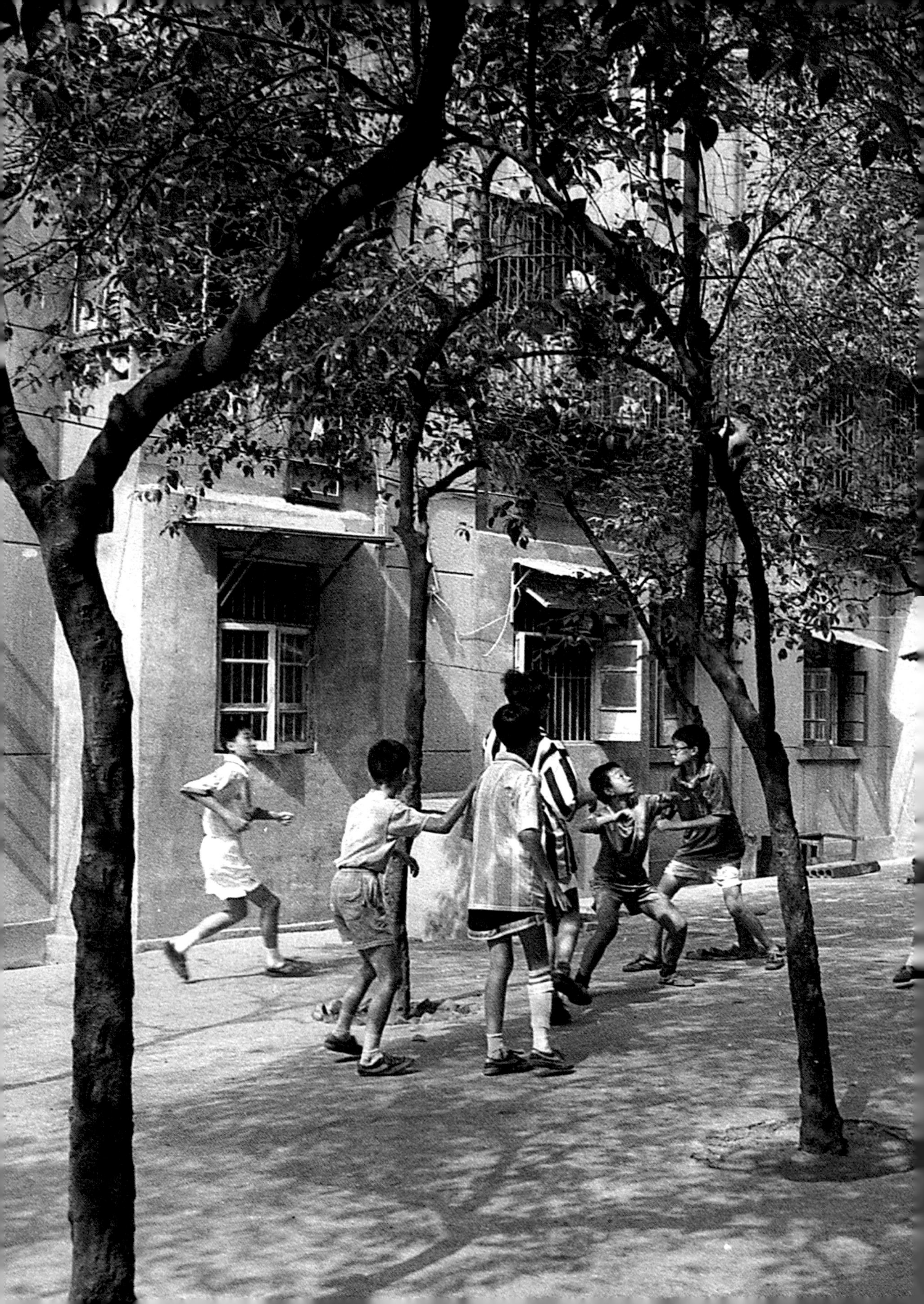

1998年，在成都一处居民院子里玩游戏的孩子

时间的烟火

1995—2005 成都城市影像记忆

1998年10月19日，一对美国老人在岷山拉萨大酒店宴会厅举办中式婚礼

　　85岁的新郎弗兰克·佩斯塔纳是美国华人友好协会洛杉矶分会会长，美中友好协会的创始人和领导人之一，曾29次访问中国、12次访问成都，见过三代中国领导人，接待了许多中国代表团，并率领美国各界人士访问中国。1997年被授予"友好大使"称号。70岁的新娘玛丽安娜·胡珀是电视编剧和制片人。两人相识于1956年，她曾是新郎的秘书，佩斯塔纳的妻子去世后，两人开始相恋。1959年佩斯塔纳第一次访华期间访问了成都，印象最深的是都江堰的水利工程。因为他们对中国有着深厚的感情，两人决定在中国举行婚礼。

时间的烟火

1995—2005 成都城市影像记忆

1999 年 3 月，三和老爷车博物馆展示收藏的加长红旗车

  三和集团老爷车收藏始于 20 世纪 90 年代，200 余台藏车涵盖国内外近 60 个知名品牌，代表藏品有世界上第一辆内燃机汽车奔驰一号、劳斯莱斯银魂 40/50HP、派卡德超级 8、中国汽车工业开山之作红旗 CA72、传奇优雅跑车代表阿斯顿马丁 DB4 等。

1999年，四川岷江音乐广播电台在糖酒会上开设怡宝直播间

时间的烟火

1995—2005 成都城市影像记忆

1999年9月29日，杜甫草堂迎来第5000万位游客

　　1999年9月29日，来成都旅游的绍兴建工中专女教师骆来娟幸运地成为杜甫草堂建馆开放以来的第5000万位游客，并被杜甫草堂授予荣誉馆员称号，可终身免费游览杜甫草堂。副馆长丁浩向她赠送了纪念品并给予奖金1000元。

1999年10月1日，成都人民公园的民间剪纸艺人赵幼兵展示作品

赵幼兵自幼跟外婆学剪窗花，手艺精湛，当时的许多人在结婚祝寿等喜庆场合都以贴上她剪的"真"字、"寿"字为荣。时年43岁的赵幼兵曾下过乡，当过兵，当过电工。她的作品，大的气派，小的精致，每一幅剪纸都有着一个动人的故事。1995年5月，她在成都民间艺术"三绝"展演赛上夺得了第一名。

时间的烟火

1995—2005 成都城市影像记忆

1999年，
人民商场十字路口的自行车车流

1999 年，四川大学化学学院环保志愿者在活水公园进行环保活动

　　1995 年，在府南河综合整治工程建设过程中，美国环境艺术家贝西·达蒙向成都市人民政府提出建设活水公园的构想，并由成都市风景园林规划设计院牵头，国内外各专业机构参与，通力合作完成了设计。

　　活水公园整体设计为鱼形，寓意人与水、人与自然的关系鱼水难分，主要由人工湿地净水系统、模拟自然森林群落和环保教育馆等部分组成，其净水系统包括厌氧沉淀池、塘床生态系统和养鱼塘等。1998 年，活水公园获得国际水岸中心"优秀水岸奖最高奖"。

时间的烟火

1995—2005 成都城市影像记忆

1999 年，在新华公园水族馆认真听讲解的孩子们

　　1994 年建在新华公园里的水族馆是孩子们了解海洋世界的一个窗口，当时国内仅北京、上海、广州三地建有十余家水族馆。成都水族馆是距离海洋最远的一个内陆馆。

1999年，在人民公园庆祝中华人民共和国成立50周年的学生

时间的烟火

1995—2005 成都城市影像记忆

2000年，模特在蜀都大道一家内衣店的橱窗里进行展示

  2000年，古今品牌开展"古今品牌万里行，让美丽展开双翅"宣传活动，历时一个月从上海出发经兰州、西安、成都、重庆、武汉、北京，所到之处皆刮起了古今内衣的美丽旋风。

2000年3月15日,"3·15"消费者权益日,成都市工商局在天府广场接受群众咨询

时间的烟火

1995—2005 成都城市影像记忆

见此图标 微信扫码

回溯时光,带你回味记忆中的老成都

微信扫码

看·名人趣谈
寻·天府文化
品·成都印象

2000年,红专西路小学的孩子在四川省美术馆参观"红岩"展览

时间的烟火

1995—2005 成都城市影像记忆

2000年，联合国人居环境大会联合国官员考察置信丽都花园，并和小区居民一起跳舞

2000年，成都某小学校园有了电视小记者

时间的烟火

1995—2005 成都城市影像记忆

2000年，成都"西北酒店"餐馆用传统婚礼的方式做宣传

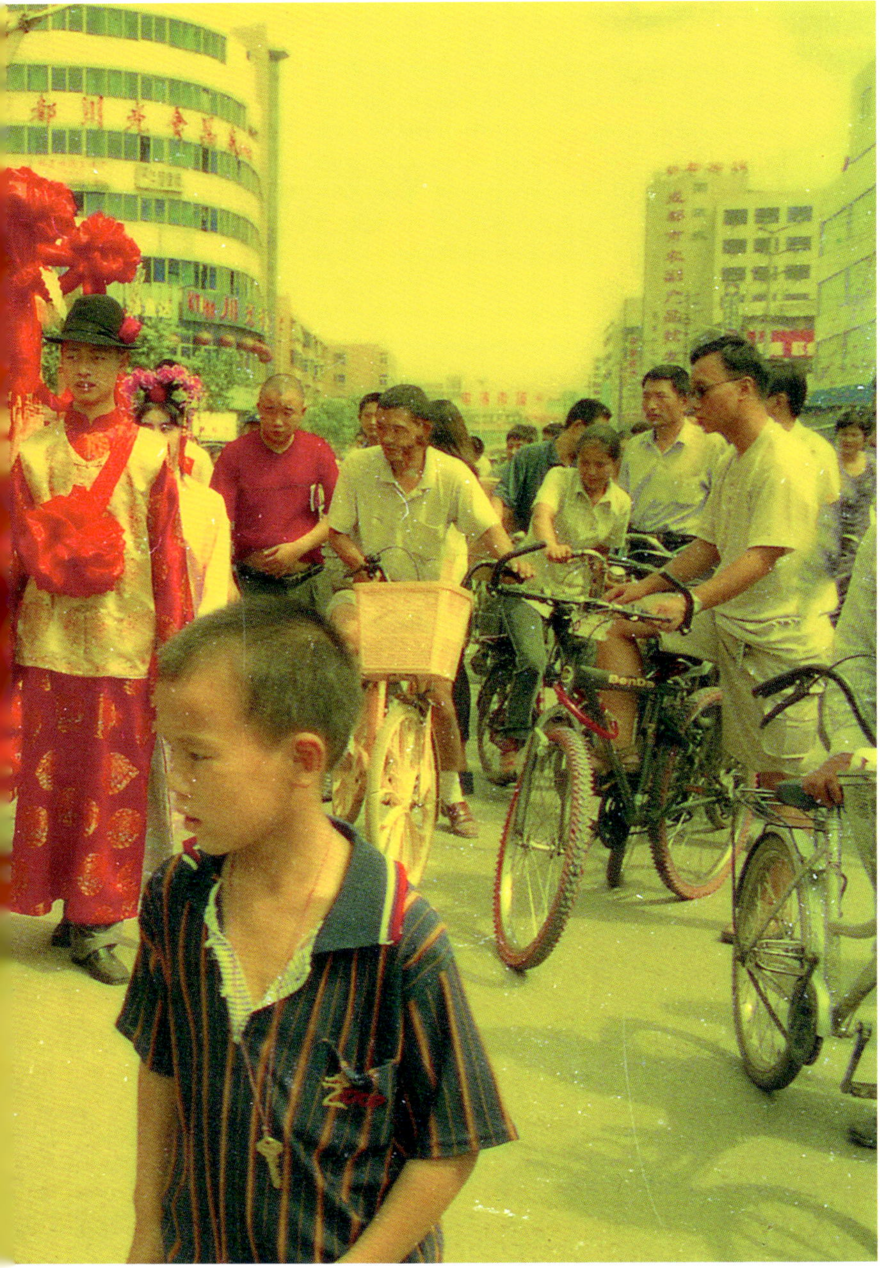

时间的烟火

1995—2005 成都城市影像记忆

2000 年，在四圣祠红房子婚纱影楼拍婚纱照的老人

　　红房子婚纱影楼创立于 1984 年，是成都几代人拍婚纱照的影楼，是新人留下甜蜜记忆的地方。

时间的烟火

1995—2005 成都城市影像记忆

2001 年 4 月 21 日,
成都首次举行 COSPLAY 秀

2001 年 5 月 7 日，焚烧假烟现场

2001 年 5 月 7 日，在双流县胜利乡的垃圾场，有关部门公开销毁了一批假冒卷烟。

时间的烟火

1995—2005 成都城市影像记忆

2004年6月高考期间,盐道街中学(南区)考点为高考护驾的交警

2001年，成都广告周时在天府广场准备表演的女孩

时间的烟火

1995—2005 成都城市影像记忆

2003年3月18日,
从大慈寺后门成都糠市街小学走出一群刚放学的孩子

该学校是当时成都最小的一所小学,被称为"袖珍小学"。

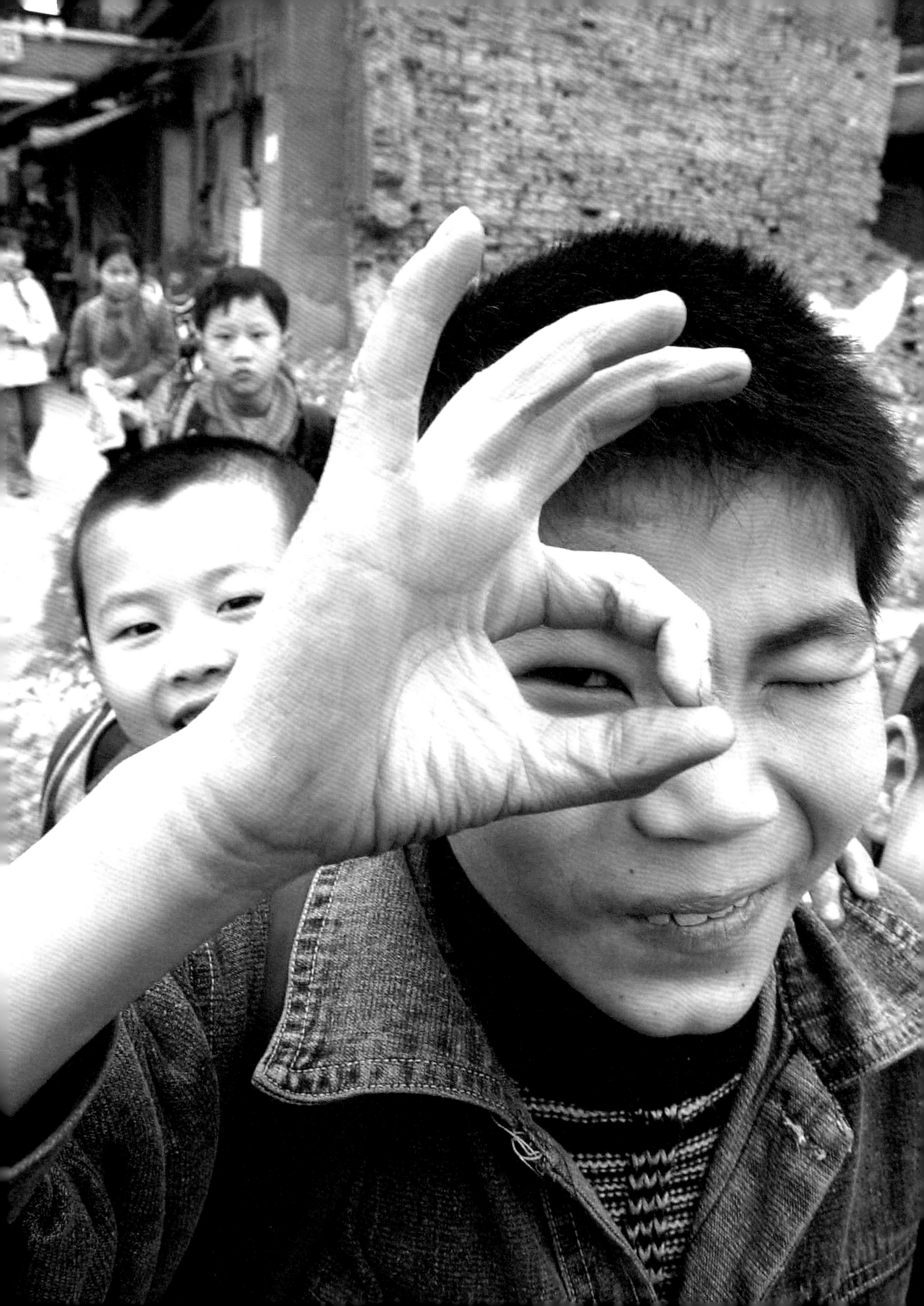

时间的烟火

1995—2005 成都城市影像记忆

2003年7月，在宽窄巷子的成都女孩

　　宽窄巷子，由宽巷子、窄巷子、井巷子平行排列组成，是成都遗留下来的较成规模的清朝古街道。2003年开始，成都市对宽窄巷子进行改造。2008年6月14日，重新打造后的宽窄巷子开街。

2003年8月11日，成都荷花池市场门口的热闹景象

成都荷花池市场始于1986年，是四川及西南地区主要的小商品分销和中转口岸，辐射力远达西藏、重庆、贵州、云南等省市。2003年其以数十亿元的交易额排名全国百强综合性贸易市场第七位。

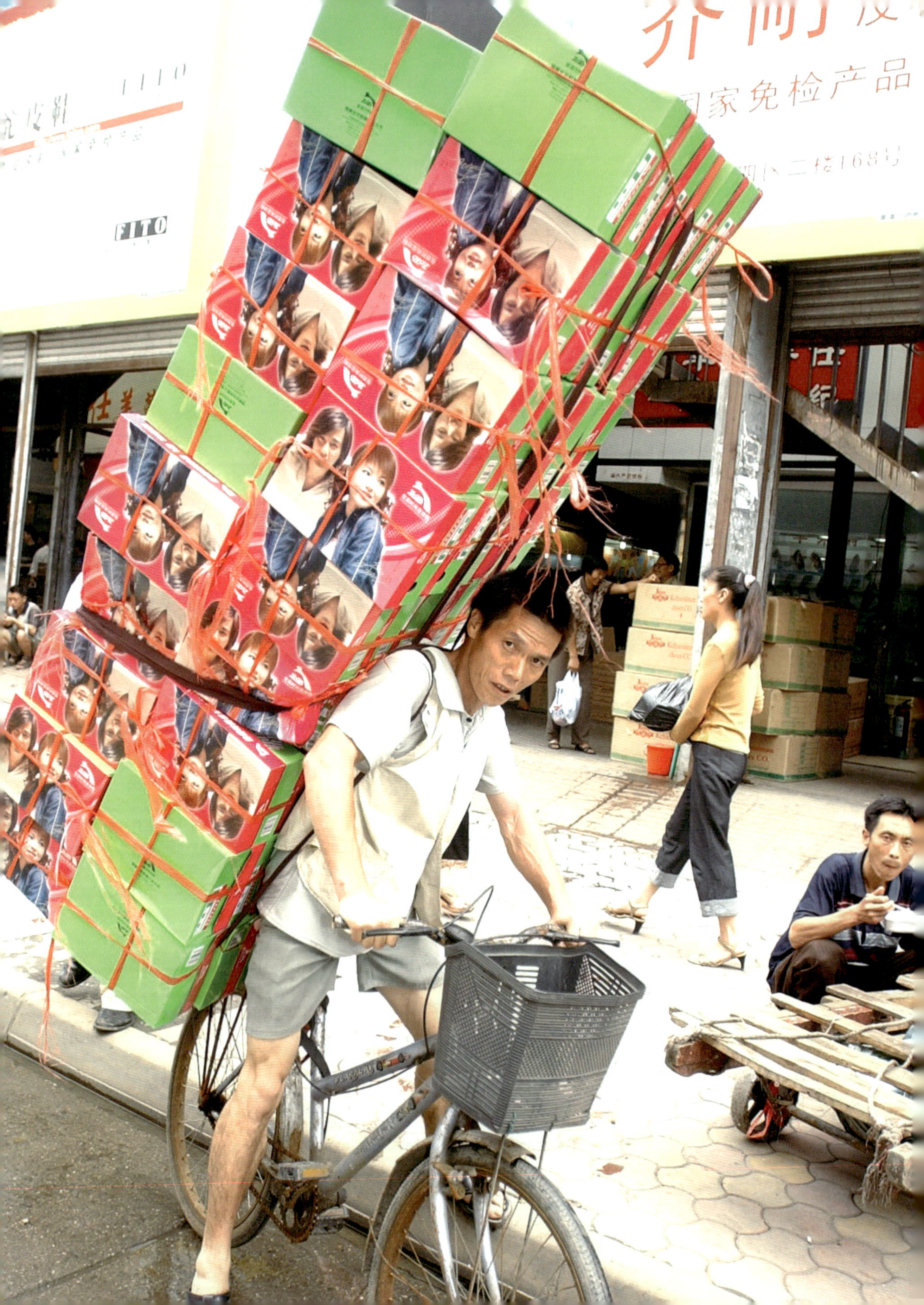
国家免检产品
FITO

2003年8月13日，成都荷花池市场的"绳绳军"

重庆的棒棒军众人皆知，但在成都的荷花池市场也有一支手拿绳子、靠一身力气为人背货的队伍，他们被成都人称为"绳绳军"。绳绳军大都来自成都周边城市，年龄大都在30岁至50岁，文化程度不高，又没有太多的手艺，只能靠一身力气来挣得收入养家。绳绳军中几乎都是男性，偶尔也可以看到几位女性的身影。身穿马甲、背着高高的各种各样货物的绳绳军俨然成为荷花池的一道风景。他们每天拿着一根5米到15米长的绳子在荷花池揽活，为前来这里批发和购物的人们背货。当时，据不完全统计，荷花池在册和不在册的绳绳军有五六千人，如果每人每月按600多元的保守收入来算的话，每年绳绳军都要从荷花池"背"走3000多万元。

时间的烟火

1995—2005 成都城市影像记忆

2003年12月20日，在成都盐市口街头玩Hip-Hop的年轻人

2004年3月23日，在大慈寺改建前字库塔旁的老太太

2002年，大慈寺片区破旧危楼开始拆迁；2010年底，政府完成土地整理，太古地产和远洋集团联合拿地；2014年底，结合城市更新、历史建筑保护，新的大慈寺历史街区携手商业购物中心打造的成都太古里项目正式开放。

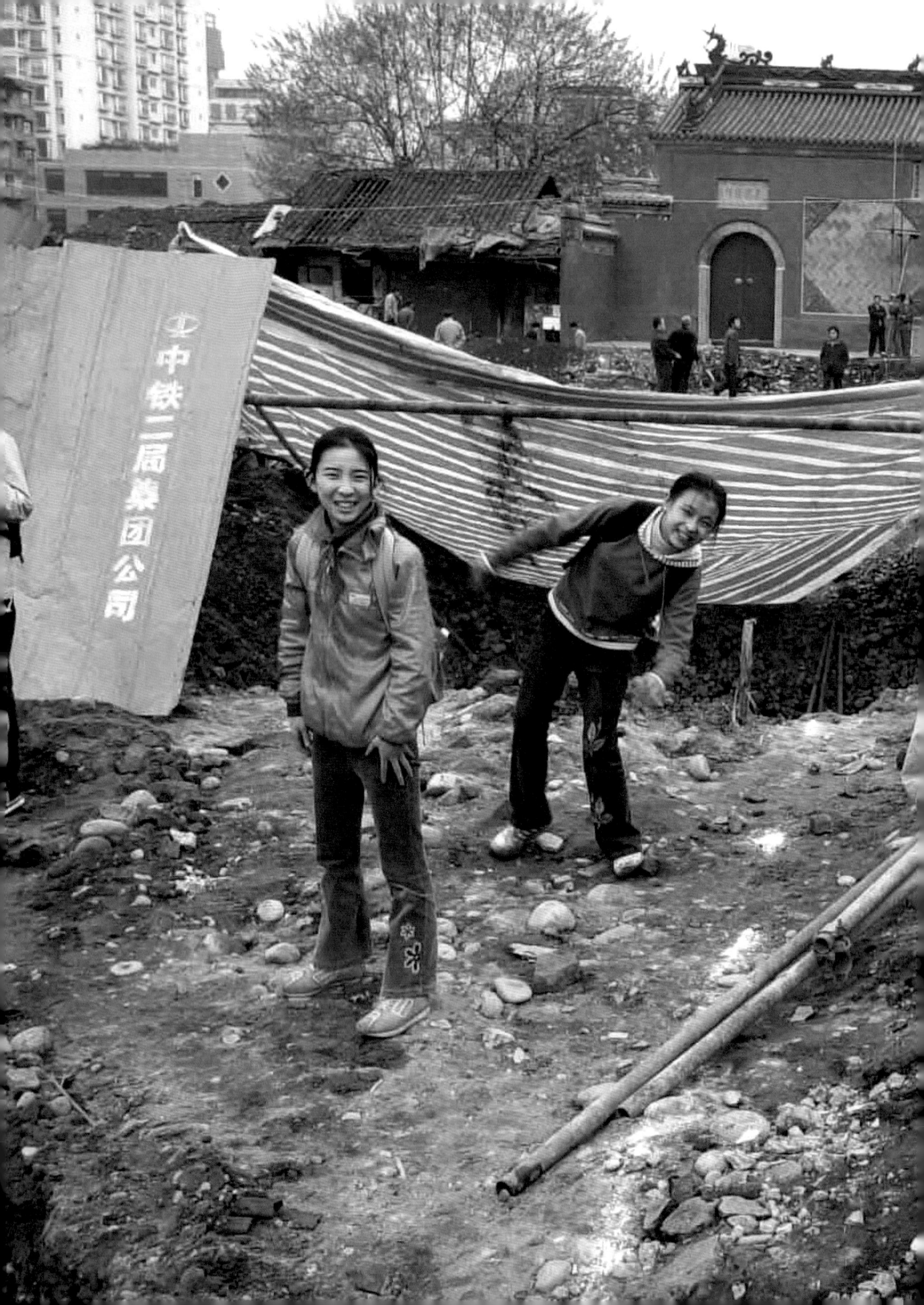
中铁二局集团公司

2004年3月23日，
太古里改建前的大慈寺后门

成都大慈寺，建于魏晋，极盛于唐宋，历史悠久、文化深厚、规模宏大、高僧辈出，世传为"震旦第一丛林"。此寺的始建年代，据宋代普济《五灯会元》所载印度僧人宝掌"魏晋间东游此土，入蜀礼普贤，留大慈"推算，当为公元3世纪至4世纪之间，距今已有1600多年。

时间的烟火

1995—2005 成都城市影像记忆

2004年10月28日，宽巷子的小商贩

2004年10月29日，参加首届中国美食节的中华小姐在快乐老家吃火锅

时间的烟火

1995—2005 成都城市影像记忆

2004年11月23日，在华兴正街成都川剧艺术中心落成庆典上的川剧演员

　　成都川剧艺术中心是国内第一家以川剧命名、以戏曲演出为主的综合性文化娱乐场所，是成都市川剧院文化产业基地和川剧表演、研究、保护、传承发展中心。其前身是悦来茶园，1954年改建时更名为锦江剧场，2001年在剧场原址上建成成都川剧艺术中心。悦来茶园不但是清末四川戏曲改良运动的大本营，也是社会公认的川戏"窝子"。

2004 年 11 月 24 日，成都市劳动人民文化宫

　　成立于 1951 年的成都市劳动人民文化宫，是 20 世纪成都人精神生活的记忆，这里有坝坝电影、露天舞池、卡拉 OK 演唱等等。2008 年，成都市劳动人民文化宫迁往青羊大道。

时间的烟火

1995—2005 成都城市影像记忆

2004 年 12 月，直升机航拍天府大道旁修建中的高新区管委会

　　1990 年，成都高新区获准正式成立，规划面积 40 平方公里。天府大道是成都市南北走向的交通大动脉，是成都市中轴线人民南路的南延伸线，又称南延线。

2005年2月，在成都市人民公园举办的中国航天展引发了市民对航天的极大关注

　　此次航天展上，有1970年4月24日我国首次成功发射的第一颗用于科学探测的人造地球卫星"东方红"一号卫星，还有宇航服、回收卫星和模拟发射等展示。

时间的烟火

1995—2005 成都城市影像记忆

2005年3月15日，消费者权益日焚烧假冒伪劣商品现场

2005年12月，成都地铁1号线天府广场修建现场

2010年9月27日，成都首条地铁1号线正式开通，成都成为中国内地第12座开通轨道交通的城市。

貳

最是刹那时空定

在场，亲历，见证，记录。

时间的烟火

1995—2005 成都城市影像记忆

1995年，春运期间从成都火车北站奔赴各地的农民工（1）

1995年春运期间，每天有2万多名农民工从成都火车站出发寻找改变自己命运的机会。20世纪80年代后期，农民工开始跨地区流动，他们赤手空拳离家打拼，减少对土地的依赖，找到就业空间。农民们外出务工的洪流，就是当时中国最为壮观的经济潮——民工潮。

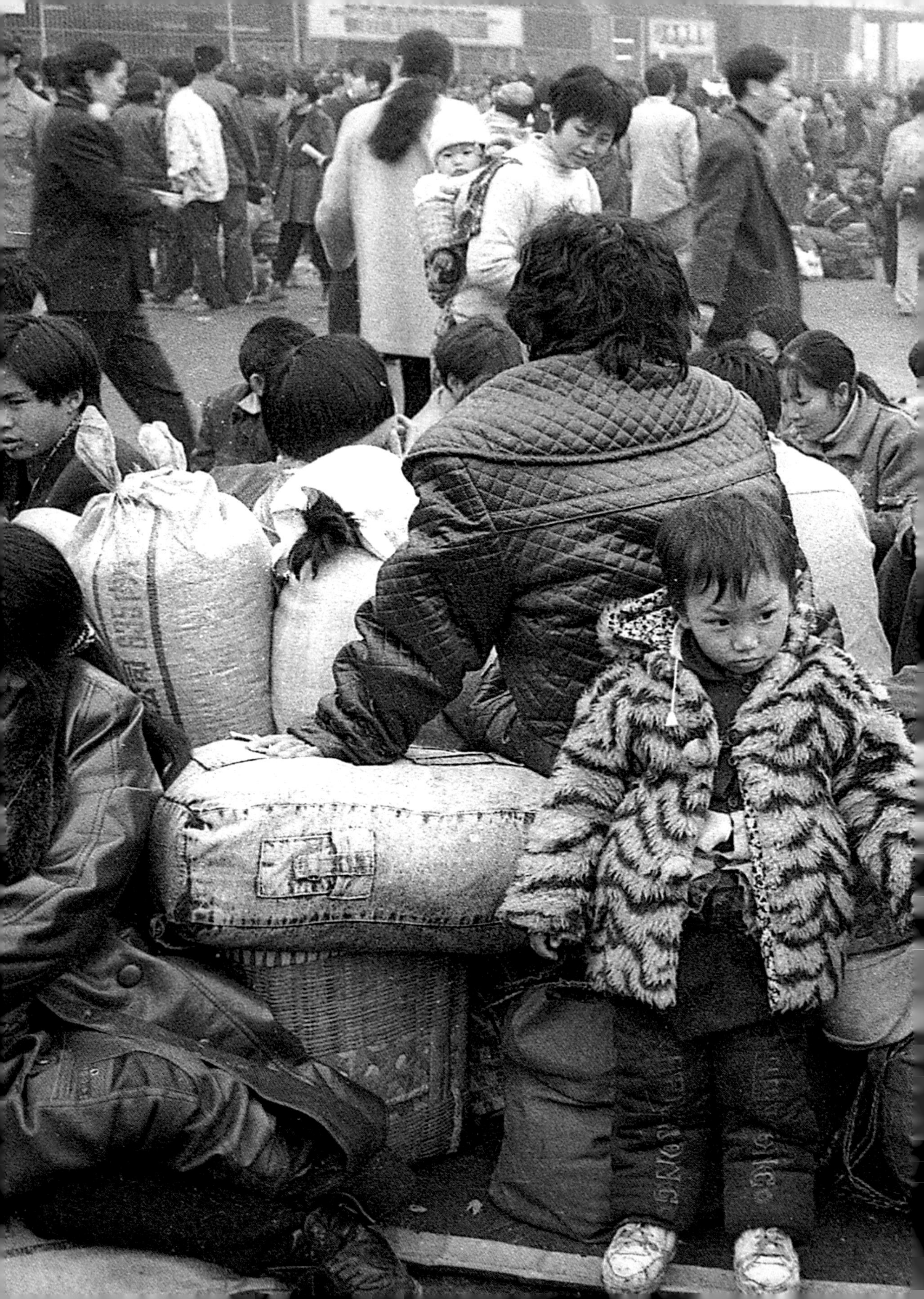

1995年，春运期间从成都火车北站奔赴各地的农民工（2）

时间的烟火

1995—2005 成都城市影像记忆

1995年，在温江县农家乐休闲的市民

1995年，农家乐从郫县（现成都市郫都区）、温江县（现成都市温江区）走向全国。赏农家景、吃农家饭、住农家屋、采农家果、学干农家活、体验农家风情，实现城乡互动。这种追求健康，回归自然的城市假日休闲模式被称为农家乐。

时间的烟火

1995—2005 成都城市影像记忆

1995年7月1日，在成渝高速通车现场报道的媒体记者

　　1995年7月1日，成都—重庆的第一条高速公路——成渝高速公路全线贯通。成渝高速全长340.2公里，连接了成都、简阳、资阳、内江、重庆等成渝沿线上的城市。

1996年1月3日，在府南河整治誓师大会上，龙江路小学的孩子们给建设者献上致谢信

锦江府河段和南河段（合称"府南河"）两岸低洼潮湿，居住环境每况愈下，长期居住在此的居民深受其困。1985年，成都市龙江路小学的学生给市长写了一封"救救府南河"的信。1987年，成都市府南河综合整治工程全面启动，被称为成都市政府的"一号工程"。

时间的烟火

1995—2005 成都城市影像记忆

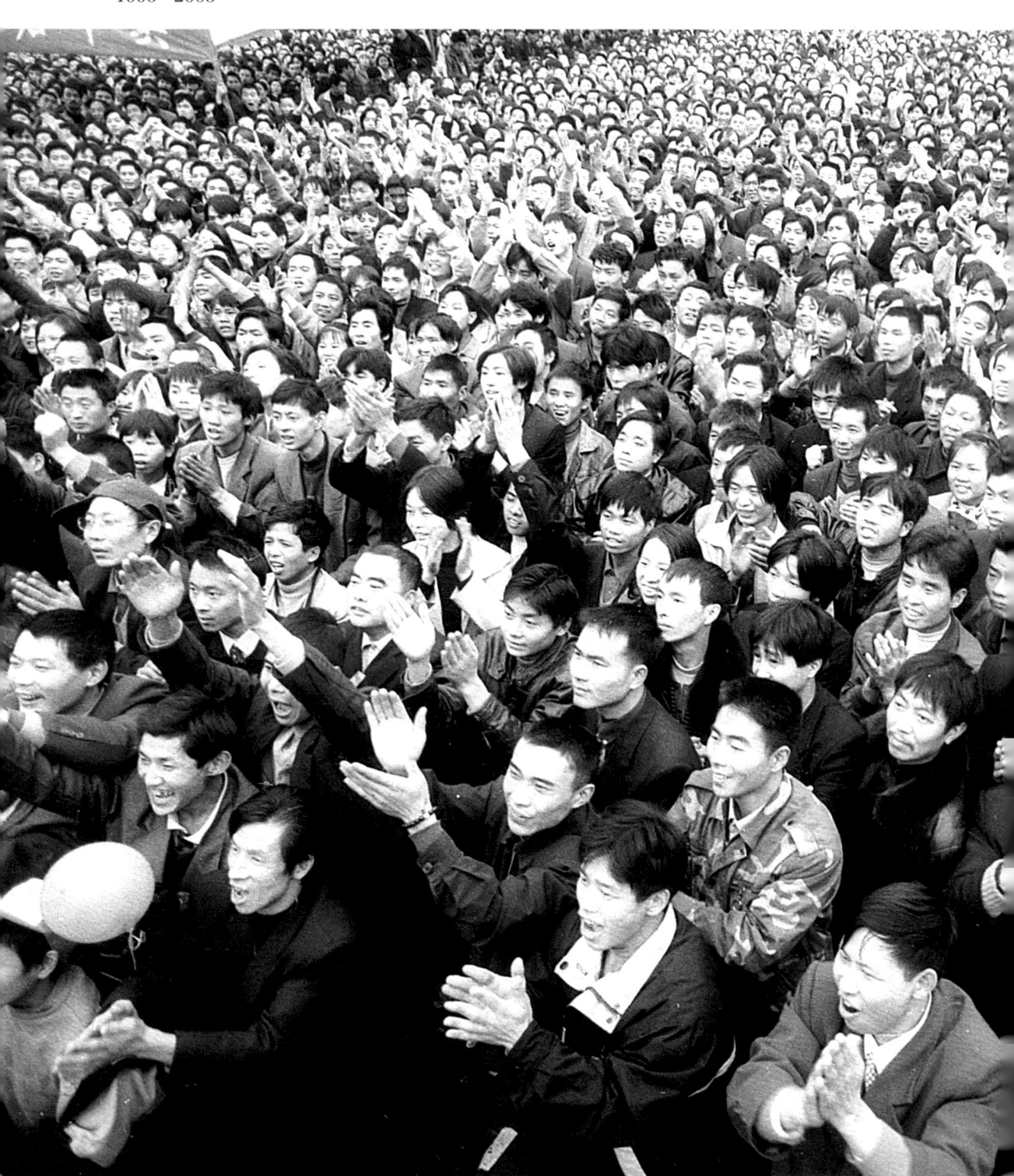

**1996年2月10日，
成都市即开型福利彩票发行盛况**

1996年2月10日，成都市总价值2000万元即开型福利彩票发行。发行方还邀请香港演员和本地明星前来助阵，即开奖品有夏利车、彩电、生活用品等，吸引了数十万群众前来购买。

时间的烟火

1995—2005 成都城市影像记忆

1996年6月3日，成都市贝森实业发展总公司董事长杜坚（右一）为救产妇的中日出租车司机林军（中）赠房

　　1996年5月2日，一名孕妇即将临街生产。中日出租汽车公司员工林军伸出援手，将产妇和在车上出生的婴儿安全送到医院，挽救了两条生命。6月3日，成都市贝森实业发展总公司奖励林军住房一套。

101

时间的烟火

1995—2005 成都城市影像记忆

1996年11月，新津县宝墩遗址再发现现场

  1995年，成都市文物考古研究所、四川大学考古系及日本早稻田大学联合对新津县（现成都市新津区）宝墩村进行考古发掘，经四个月发掘后确认了距今四五千年的古城遗址，散碎的砖瓦器物是蜀地先民早在四五千年前就进入文明社会的物证。1996年11月2日，由成都市文物考古工作队、四川联合大学文学院、日本国际文化研究中心联合组成的新津县龙马宝墩遗址又有重大发现。根据对古城全境进行的无线电遥控飞行器航测、红外遥感摄影、人工实测及过去调查成果的综合研究，专家们判定，龙马宝墩古城遗址的形状为规则的长方形，全境面积近60万平方米，是成都平原早期面积最大的一座古城，可谓蜀国开国之都。这样规模的史前古城，在全国也十分罕见。

1996 年，四川摄影家于宁、李杰展示被侵权的作品

1996 年，四川摄影家王建军、李杰、于宁拍摄的九寨沟作品被侵权，经过维权获得 20 万元的赔偿。当年，全国 20 多家媒体争相报道该事件。

时间的烟火

1995—2005 成都城市影像记忆

1997年，
摄影家葛加林在金牛区营门口某社区举办现代摄影讲座

时间的烟火

1995—2005 成都城市影像记忆

1997年10月16日，意大利菲亚特公司的法拉利、玛莎拉蒂等名车巡游成都，首次在国内亮相

  1997年，多家集团、公司联合把世界闻名的豪车法拉利、玛莎拉蒂、奔驰、宝马引进成都，为惊艳亮相还举办了形象小姐选拔活动，并联动直播决赛晚会，引得市民们争相目睹，万人空巷。

1997年，成都理工大学广播影视艺术学院（现四川传媒学院）挂牌，开启了理工大学培养影视人才的先河

时间的烟火

1995—2005 成都城市影像记忆

1997年,来成都参加北京国际科幻大会(四川)夏令营的俄罗斯、美国宇航员受邀参观《成都商报》报社,并与市民见面

1997 年，宇航员签名首日封

  1997 年，由中国科学技术协会主办，四川科学技术协会、四川省人民对外友好协会、《科幻杂志》杂志社协办的北京国际科幻大会（四川）夏令营，邀请多位世界著名科幻作家和美、俄宇航员参加。其中包括人类历史上"太空行走"的第一人——俄罗斯空军中将、太空画家、宇航员阿列克谢·阿尔波谢维奇·列昂诺夫，三次进行过太空飞行、两次被授予"苏联英雄"称号的物理数学博士、俄罗斯电视台科幻节目主持人格奥尔基·米哈伊洛维奇·格列奇科，俄罗斯宇航员、俄罗斯宇航联合会副主席、在太空飞行累计 5064 小时的安纳托利·尼古拉耶维奇·别列佐沃依上校，美国航天局宇航员、生化博士、在太空飞行累计 5354 小时的香农·W.露西德博士，美国航天局宇航员、机械工程学硕士、在太空飞行累计 850 小时的杰利·罗斯上校等。他们走进《成都商报》报社参观，和福利院的孩子交流，还游览了乐山大佛和峨眉山。他们在成都受到市民的热情追捧，也引发了成都的科幻热。

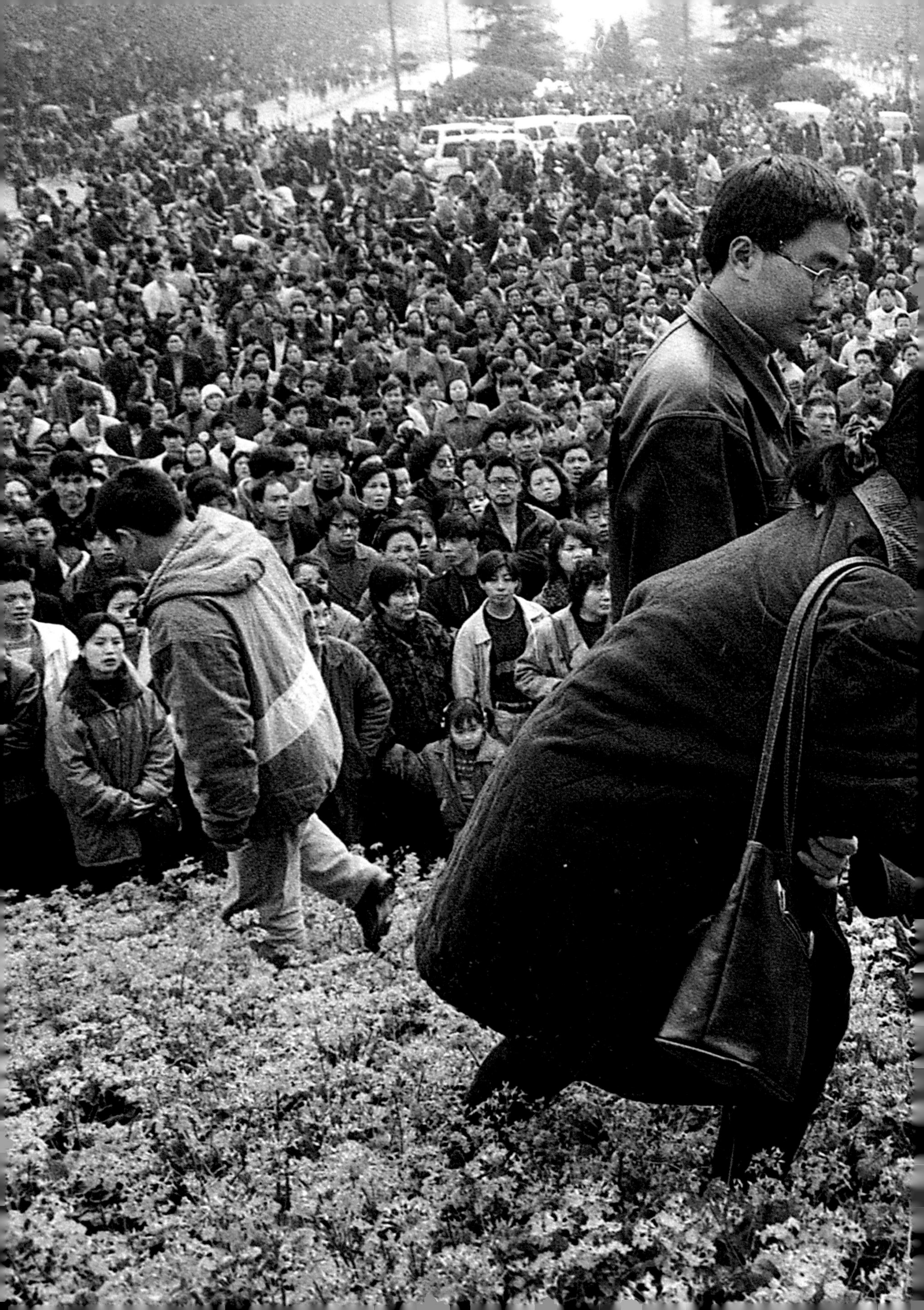

1997年2月20日，
成都市民自发在天府广场
悼念改革开放总设计师邓小平

时间的烟火

1995—2005 成都城市影像记忆

1998 年，下岗女工通过再培训后重新上岗

1998 年，国企改革和重组，造成大规模的失业潮和下岗潮。在国有企业改革最关键的一年，很多企业为下岗人员开辟下岗再就业通道。其中，蓝剑集团就拿出了几十万元资金支持再就业援助工程。当年 6 月，成都兴业社区服务公司挂牌成立，"下岗大嫂下岗大哥再就业"成为当时的热点。

1999年9月3日，美国"雷神"公司携一架比奇1900D飞机飞至成都，成为双流机场运营以来降落的最小客机

　　1999年9月3日，被国际航空界称作支线客机典范的比奇1900D飞机飞至成都，成为双流机场运营以来降落的最小客机。该客机仅19座，机身总长度为17.6米，客舱宽度为1.37米，售价约500万美元。同日抵蓉的还有当时世界上双发动机客机中的最大机型波音777。波音777最大客舱座位近400个，载客量仅次于当时世界上最大的双层四发动机客机波音747，也是世界上唯一不用中途加油即可飞越太平洋的民用双发动机客机。"雷神"是世界第三大飞机制造公司，排名仅次于波音和空客，为世界500强企业之一。"雷神"来成都，意欲进军中国支线航空市场。

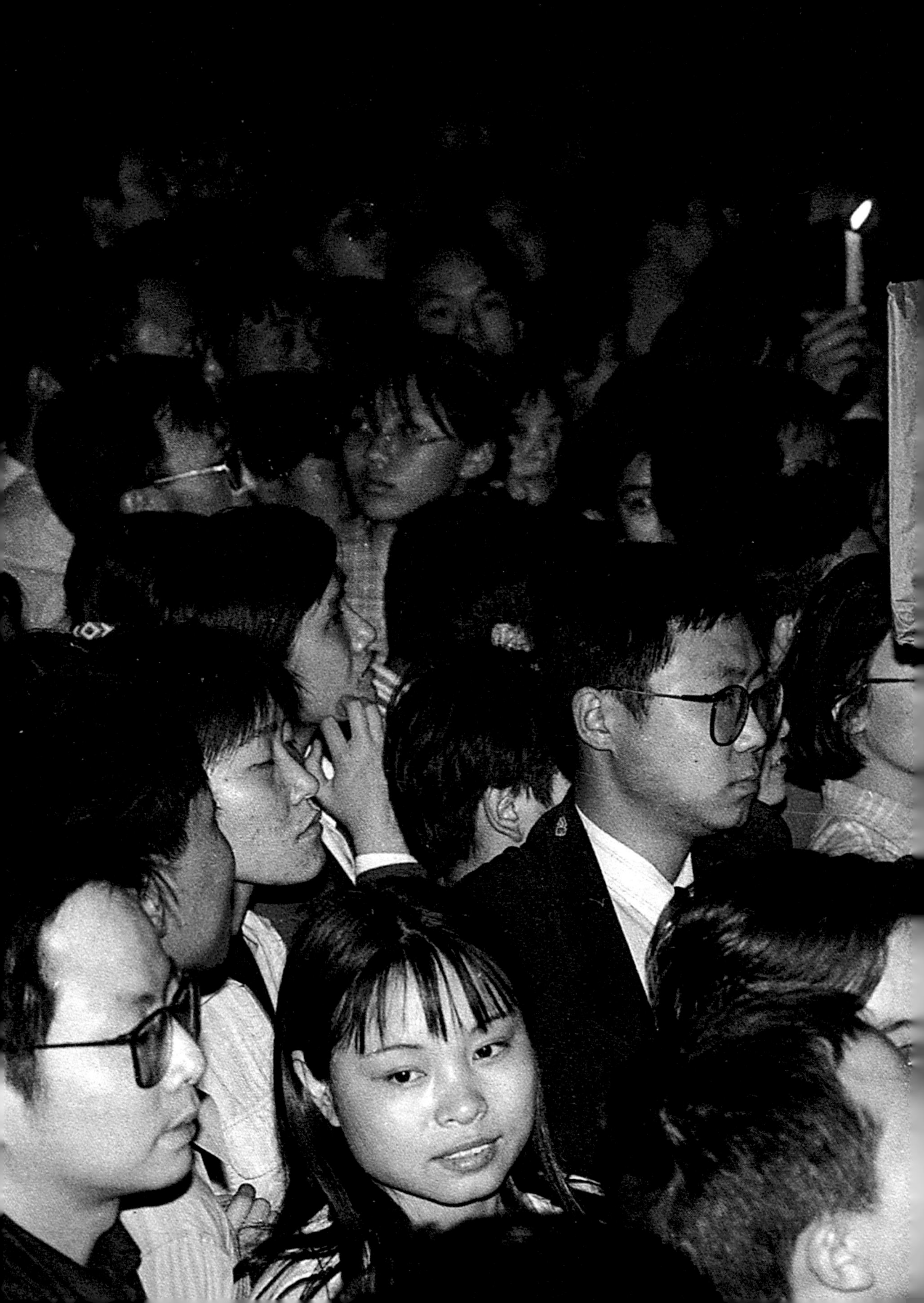

1999年5月8日，成都市民自发组织在美领馆门前示威游行，抗议美国轰炸中国驻南联盟大使馆

时间的烟火

1995—2005 成都城市影像记忆

1999年12月8日,《成都商报》在全球24个时区的24名特派记者,迎接24个时区的第一缕阳光

　　《成都商报》举行的"跨越新世纪·新夸父行动"见证了新千年的曙光,成为地方报纸派记者全球采访的大型活动。

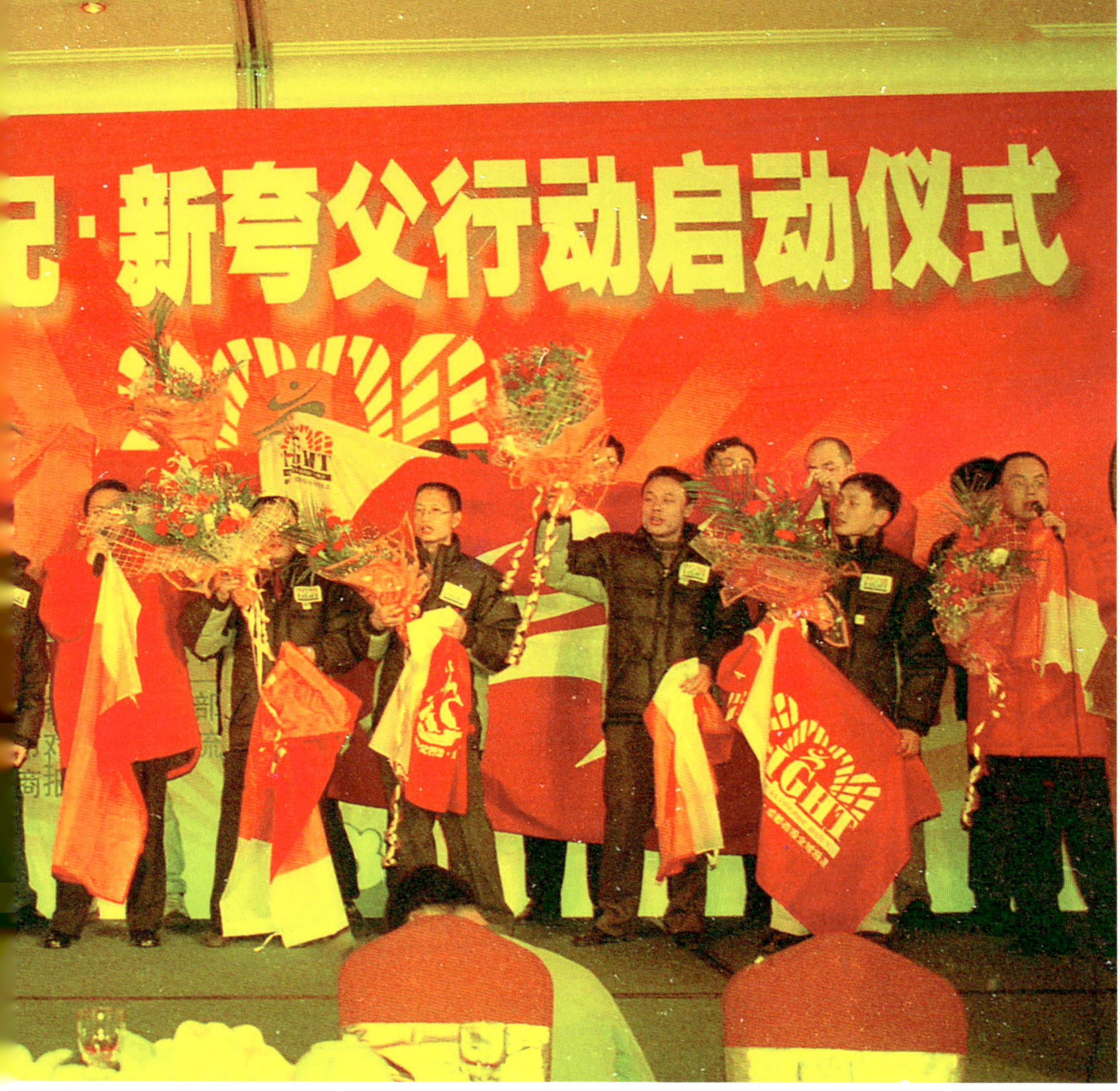
·新夸父行动启动仪式

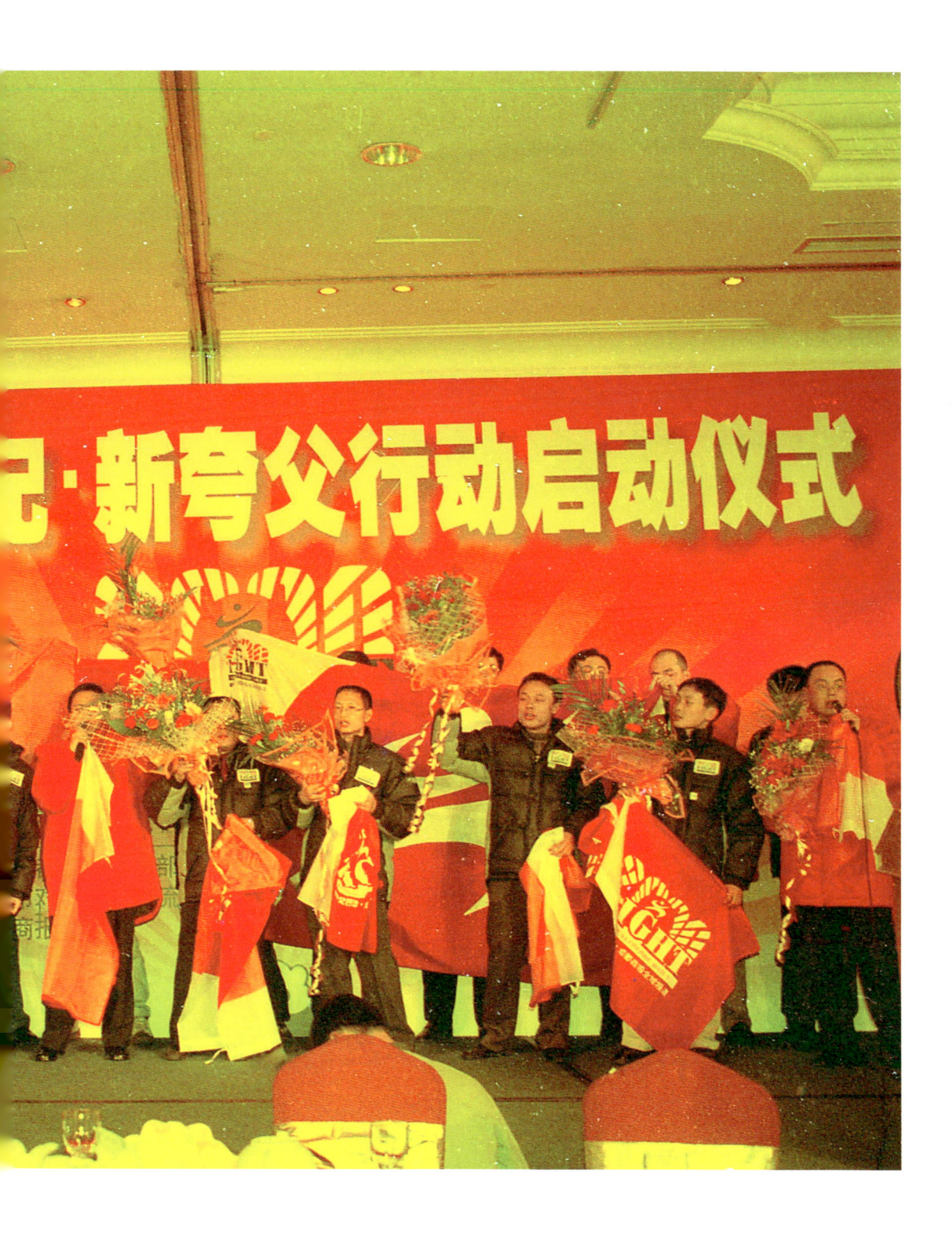

时间的烟火

1995—2005 成都城市影像记忆

2000年10月14日，成都在全国率先开展"无车日"

2000年10月14日，从上午10点到下午5点，在成都市府南河内环路等城中心区域内的道路上，除公交车、客运车、特种车、专用车及非机动车外，禁止其他一切车辆通行。1998年，法国提出全世界第一个"无车日"，并于当年9月22日的"地球日"实施。此后，包括罗马、巴黎、日内瓦在内的200多个城市相继开展了"无车日"活动。

2000 年，中外媒体聚焦中国西部论坛

　　中国政府实施西部大开发战略的大背景下召开的"2000·中国西部论坛"，是中国举办的以西部开发为主题的高规格、影响较大的国际性会议。西部大开发战略一经提出，立刻成为世界关注的焦点。西部大开发具体如何实施？西部究竟有多大的市场？中国西部蕴藏着怎样的商机？"中国西部论坛"围绕中国西部大开发，交流信息、聚合智慧、推进合作、共谋发展，通过国家部委领导人、东西部省市领导者与国内外著名企业家、理论家的智慧交流，为探索新思路，研究新方法，构建新机制提供智力支持。作为一次国际性会议，"2000·中国西部论坛"实质上是一次对外开放的国际性活动，它搭起了投资者与被投资者平等交流的平台。通过这个平台，西部与东部地区、西部与世界、投资者与企业之间，信息得到互通，愿望得以表达，智慧得以融合，合作得以实现，在寻求巨大的商机中开发巨大的市场，在相互平等的合作中实现各方的发展。

时间的烟火

1995—2005 成都城市影像记忆

2000年，三星堆再考古发掘现场

三星堆遗址被称为20世纪人类最伟大的考古发现之一，位于四川省广汉市西北的鸭子河南岸，距今已有5000年至3000年历史，是一个由众多古文化遗存分布点组成的庞大的遗址群。三星堆遗址的发现，始于当地农民燕道诚于1929年淘沟时偶然发现一坑玉石器。现有保存最完整的东、西、南城墙和月亮湾内城墙是迄今在西南地区发现的范围最大、延续时间最长、文化内涵最丰富的古城、古国、古蜀文化遗址。考古学家将该遗址群的文化遗存分为四期，其中一期为早期堆积，属于新石器时代晚期文化，二至四期则属于青铜文化。遗址群年代上起新石器时代晚期，下至商末周初，上下延续近2000年。高2.62米的青铜大立人、宽1.38米的青铜面具、高达3.95米的青铜神树等，均堪称独一无二的旷世神品。而以金杖为代表的金器，"祭山图"玉边璋为代表的玉石器，亦多属前所未见的稀世之珍。三星堆一直在持续发掘有价值的文物。

考古现场
非请莫入

时间的烟火

1995—2005 成都城市影像记忆

2001年1月16日，三峡移民的孩子们在绵竹市板桥镇安置点

　　1993年开始的三峡百万移民工程，是世界水利建设史上最大的移民工程。三峡移民人数达140万左右，分别安置在四川省、湖北省、湖南省、山东省、江苏省、上海市、安徽省、浙江省、江西省、福建省、广东省。

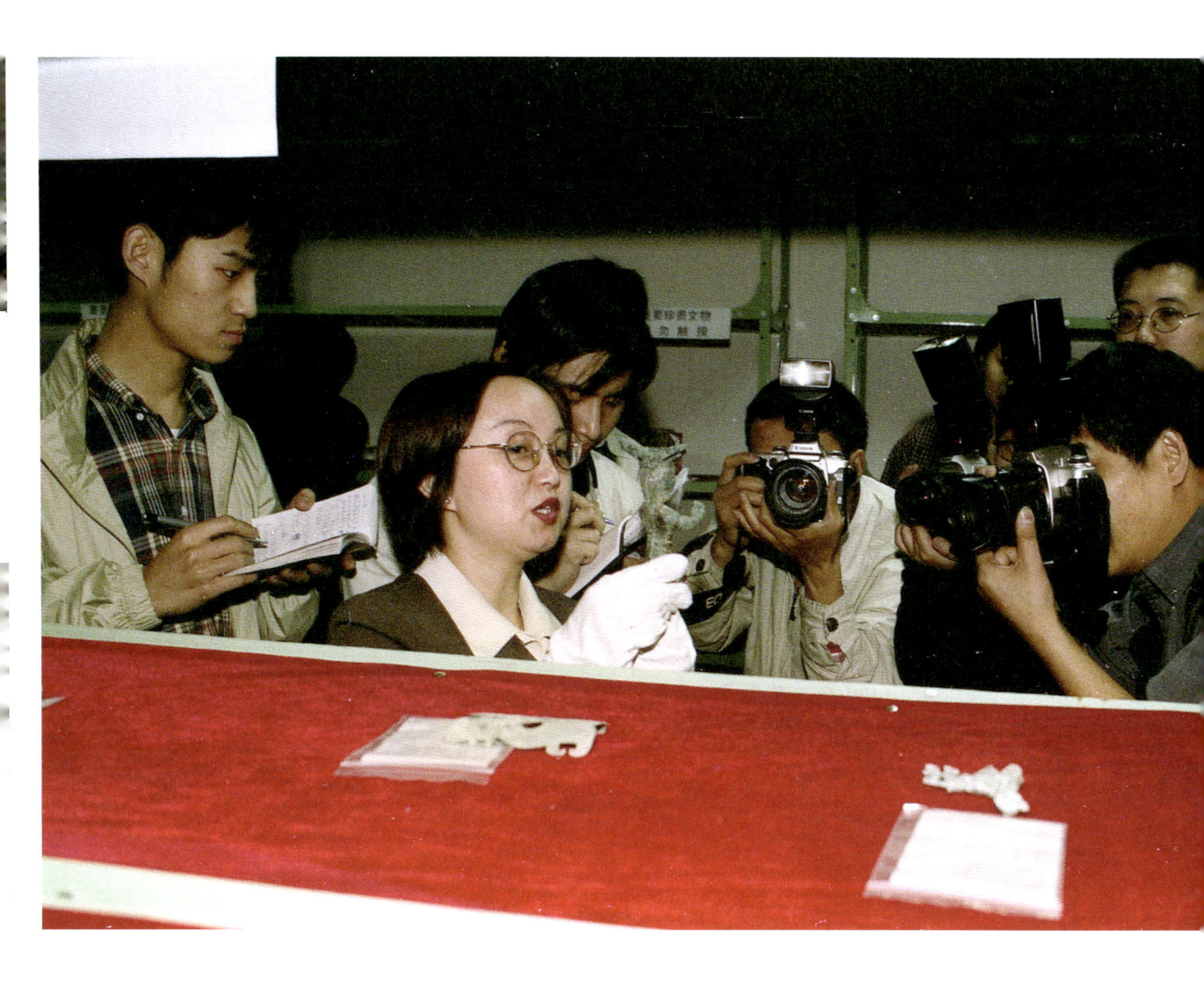

2001年2月，成都考古队的王方女士在库房向记者展示刚出土的太阳神鸟、玉琮、跪立人等文物

  2001年2月，在成都西郊施工的苏坡金房房产挖掘现场挖出了很多文物，成都市考古队进驻后布探方99个，发掘面积达2475平方米。同年4月3日，成都市文化局、成都市考古队联合举行新闻通气会，首次向媒体正式宣布"金沙遗址"的发掘情况。据成都市考古队队长王毅介绍，"金沙遗址"已发掘出金器、玉石器、铜器和象牙等珍贵文物1000余件。其中，太阳神鸟是金沙遗址出土的300多件金器中的重中之宝，精美绝伦。"金沙遗址"的发现，补充了文献没有记载的珍贵资料，改写了成都历史和四川古代史，把成都建城史向前推进了700年左右——由2300年前推进至3000年以前。

时间的烟火

1995—2005 成都城市影像记忆

2001年2月14日,香港中华商会副会长张永珍女士在成都大熊猫基地认养珍贵和珍宝两只大熊猫。图为张永珍女士抱着其中一只

2001年4月23日，成都春熙路最后的夜市

2001年4月23日，春熙路商业步行街改扩建工程全面启动，春熙路夜市由此闭市。自1992年2月开始，每天下午5点半，春熙路摊贩们就推着手推车来街边摆摊。夜市各种商品琳琅满目且价格亲民，受到市民的欢迎。

时间的烟火

1995—2005 成都城市影像记忆

2001年7月16日，在四川省展览馆举办的"中国人体摄影艺术大展"成都巡展金奖作品《黄土风韵》前，中国一号人体模特、23岁的田静与观众见面

"中国人体摄影艺术大展"成都巡展为期15天，共接待了上万人，门票收入达30多万元。金奖作品《黄土风韵》的女模特是田静。为了表彰她为人体艺术摄影所做出的贡献，首届中国人体摄影艺术大展组委会设立"特别贡献奖"并颁给了她。田静获奖的意义，已远远超出金奖作品本身，它为所有人体模特和想当人体模特的女孩营造了一个相对宽松的人体摄影环境，起到了重要作用。

2001 年 9 月，《新周刊》在成都发布成都是继北京、上海、广州之后的"第四城"

  这张照片正是当年《新周刊》在成都召开"第四城"特刊发布会时留下的纪念。2000 年 10 月，中国西部论坛在成都开幕，《新周刊》执行总编封新城思维敏捷，提出"自北上广之后，西部是谁"的疑问。他指派十几个记者到成都深入采访，于中国西部论坛开幕前夕，出版了特刊"第四城"。给成都命名"第四城"，一时成了中国西部论坛的热门话题。

时间的烟火

1995—2005 成都城市影像记忆

2001年11月23日,在四川电视节上来自各国的金熊猫奖获得者

2002 年 5 月，贝瑞特和夫人芭芭拉在成都

  2002 年 5 月，英特尔总裁贝瑞特和夫人芭芭拉参加"数字化西部·成都 2002"的活动，并与来自国内知名 IT 企业的高层人士，以及川内的企业领导进行面对面的交流。贝瑞特还到成都某社区一个普通的市民家中拜访。

时间的烟火

1995—2005 成都城市影像记忆

2002 年 5 月 25 日，世界银行行长沃尔芬森夫妇在都江堰离堆公园

2002 年 5 月 25 日，68 岁的世界银行行长詹姆斯·D.沃尔芬森先生及其夫人伊莱恩一行 18 人来到成都参加西博会。在成都的 30 个小时里，沃尔芬森夫妇进行了一系列活动：出席西博会开幕式、前往 IFC 成都项目办、出席在都江堰举行的世界银行国际金融公司中国中小企业发展项目启动庆典仪式、参观都江堰的拉法基水泥厂和都江堰水利工程。

2002年6月13日，
中国国家男子足球队首次进入韩日世界杯预赛，
成都球迷在蜀都大道熊猫广场呐喊助威

时间的烟火

1995—2005 成都城市影像记忆

2003年3月，成都天府广场上举办第69届全国糖酒商品交易会

全国糖酒商品交易会是由中国糖业酒类集团有限公司主办的大型全国性商品交易会。1987年3月，全国糖酒商品交易会首次在成都举办，至2003年3月，在成都共举办14次。

2003年4月24日，英特尔A7T7项目成都施工现场

  2003年，全球第一大芯片制造商英特尔在中国西部首个也是唯一的封装测试工厂落户成都。英特尔的这次布局正式拉开了成都谋划良久的IT产业序幕。作为成都IT产业发展的先行军，英特尔是中国西部IT行业的拓疆者。在西部大开发启航之时，成都被赋予新的重任。这里，既是英特尔A7T7项目的选址地，也是成都IT行业真正意义上融入全球产业分工的坐标点。英特尔当之无愧地成了成都IT产业开疆拓土的功臣，其功绩无可替代。赴成都近20年，英特尔在其原有的产业基础上，进一步扩大了全球市场，以"亿颗"为数量单位的英特尔"成都芯片"走向全球——在每两台笔记本电脑中，就有一枚芯片来自成都。

时间的烟火

1995—2005 成都城市影像记忆

2004年1月13日，成都会展中心人海中的求职者

本次春季招聘会吸引了2万多名应届毕业生前来求职，400多家单位前来招聘。

2004年10月30日，在中国（成都）首届国际美食旅游节上，中华小姐向全球推广川菜陈麻婆豆腐

中国（成都）国际美食旅游节是四川省、成都市重点打造和培育的品牌节会活动，自2004年创办以来每年一届，为传承弘扬川菜美食文化，促进餐饮业转型发展，拉动内需扩大消费，丰富市民和游客生活发挥了重要作用，已发展成为川菜文化的交流平台、餐饮旅游的行业盛会和市民游客的欢乐节日。2010年，成都被联合国评为美食之都，5月21日，联合国教科文组织总干事博科娃在上海世博园成都美食展馆为美食之都成都授牌。

叁

文情脉脉 光阴在

绚丽舞台

20世纪90年代，成都是港台歌手演唱会的重要选择城市，这里拥有很大的观众市场。据资料统计，2018年成都是继北京、上海、天津之后的"演出第四城"。当年有2923场国内外音乐剧、明星演唱会、话剧、歌舞等演出在成都上演。舞台上，有最温暖的回响。

时间的烟火

1995—2005　成都城市影像记忆

1995 年，
川剧表演艺术家刘芸在指导其弟子刘萍（刘萍获得第 18 届梅花奖）

　　成都川剧院联合一二团演出的《刘氏四娘》，由谭愫、刘少匆、严淑琼编剧，张开国、金光荣导演，蒋立芳、周瑜作曲，刘芸饰刘氏四娘、王树基饰傅相、王超饰傅罗卜。刘芸因刘氏四娘这一角色，荣获首届中国戏剧二度梅花奖。《刘氏四娘》还荣获了文华新剧奖。市政府奖励川剧院和刘芸，这在成都还是首次。

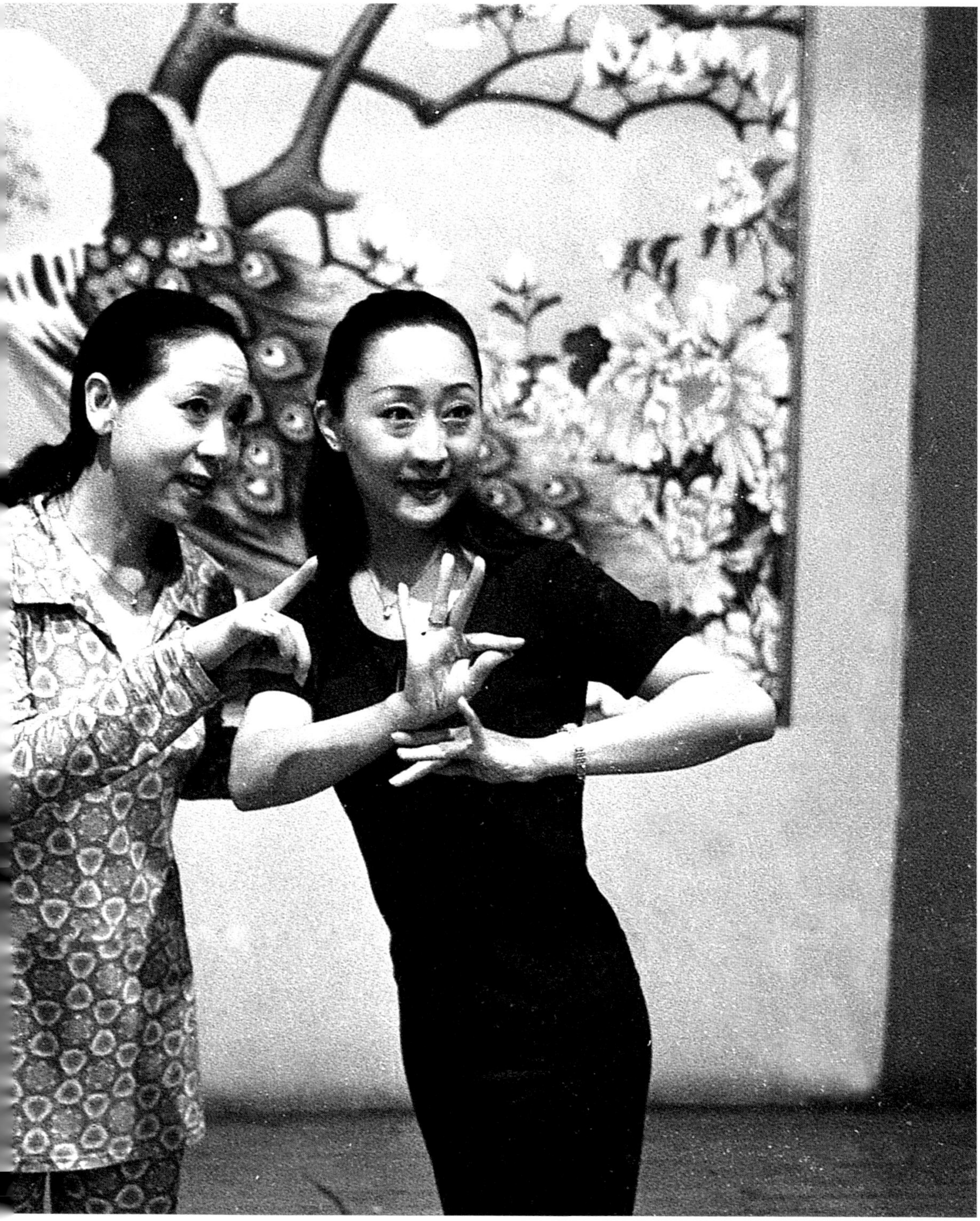

时间的烟火

1995—2005 成都城市影像记忆

**1996年11月7日，
田曼莎在川剧《死水微澜》
中饰演邓幺姑**

　　1996年，四川省青年川剧团大型现代川剧《死水微澜》在新声剧场公演，第九届中国戏剧梅花奖获得者田曼莎将剧中女主角邓幺姑演得入木三分。川籍作家李劼人的作品《死水微澜》曾改成电影、电视剧、话剧，川剧《死水微澜》保留了原作浓郁的川味。

1996 年 12 月，
主持人冯乔在西南财经大学个人演唱会受到歌迷的热捧

  1996 年 12 月，成都电台主持人、歌手冯乔在西南财经大学开启了他在大学个人演唱会巡演的第一站，只有 1600 个座位的学生活动中心被闻讯赶来的 2200 名歌迷挤得水泄不通。冯乔主持的 345 歌迷会和音乐杂志栏目，以及他分别在广州太平洋、台湾前卫和东方唱片公司发行的由他作词的《好想你》《记忆中最爱》《黄土地上五千年》等个人专辑深受听众，尤其是学生们的喜爱。20 多年后，以低音炮著称的冯乔又在成都举办了个人演唱会。

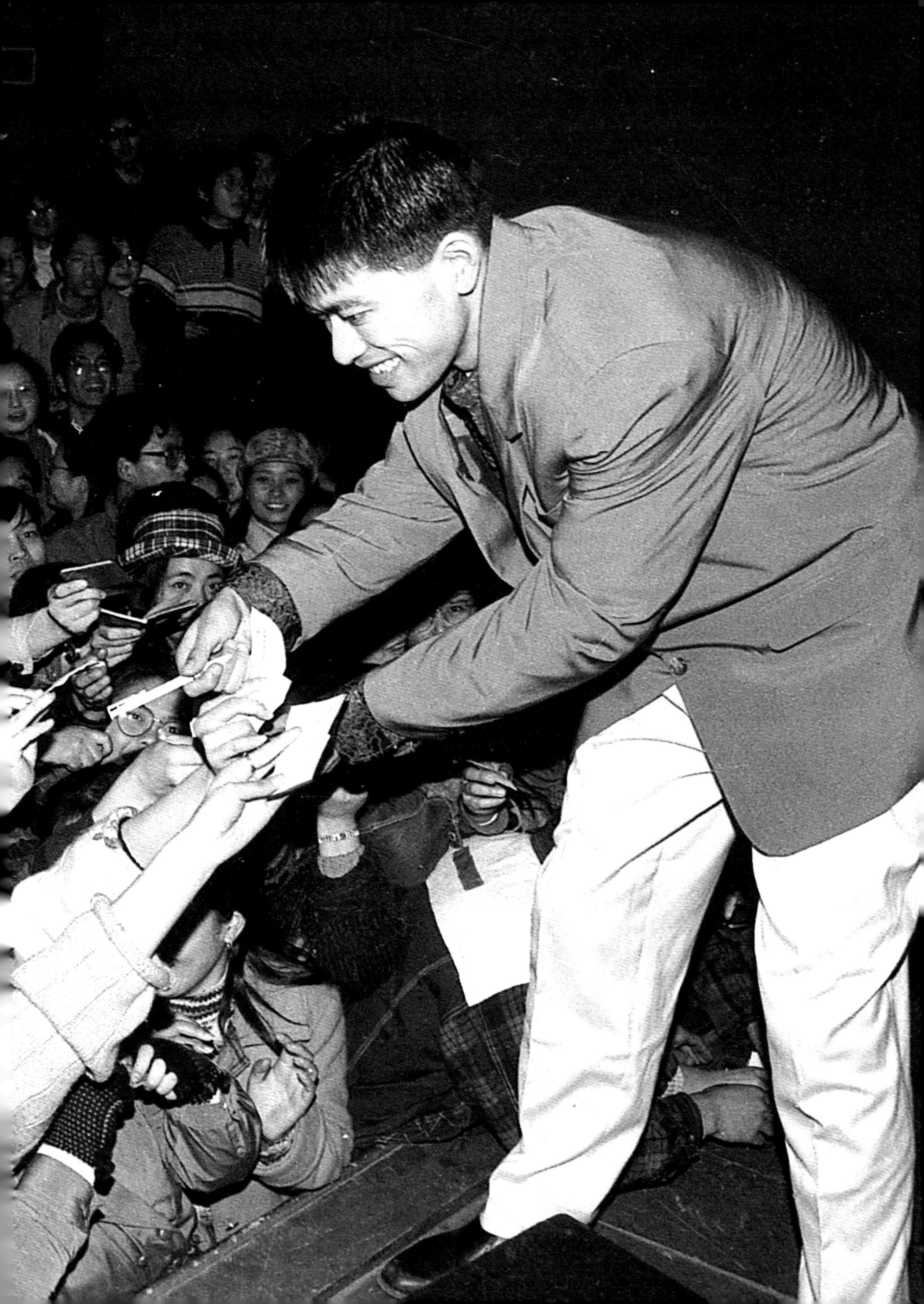

时间的烟火

1995—2005 成都城市影像记忆

1997年9月，廖昌永、幺红等歌者在国际熊猫节开幕式上献唱

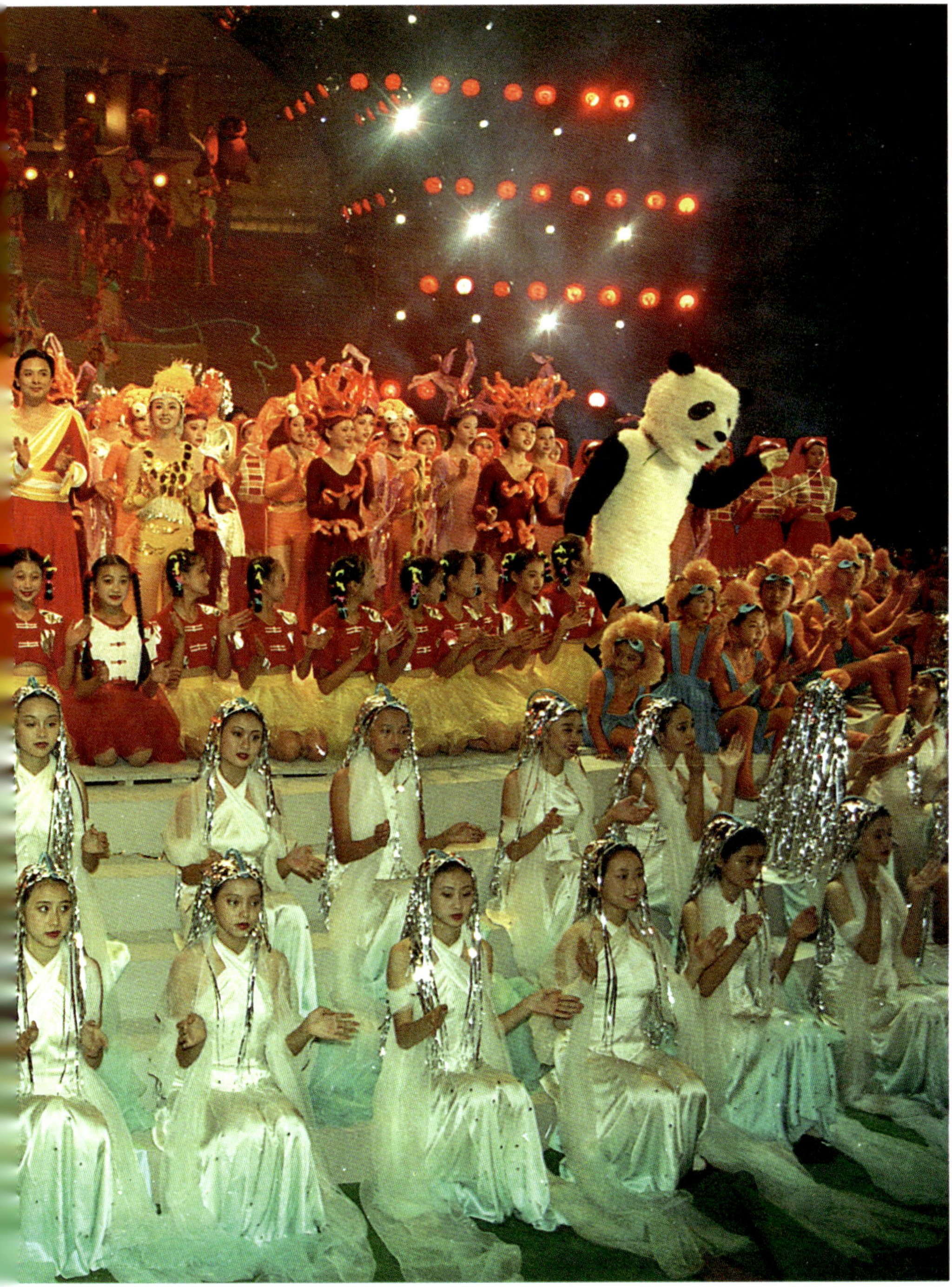

时间的烟火

1995—2005 成都城市影像记忆

1997年12月19日，
谢娜在四川电影电视艺术进修学院（现四川电影电视学院）新址落成典礼上
和同学们表演小品

1997 年,
国家级非物质文化遗产项目糖塑（成都糖画）代表性传承人樊德然在成都市文化公园展示糖画

时间的烟火

1995—2005 成都城市影像记忆

1997年，导演谢晋率剧组来成都宣传电影《鸦片战争》

　　由谢晋执导的《鸦片战争》是峨眉电影制片厂、香港嘉禾娱乐事业有限公司制作发行的历史题材电影，该片为纪念香港回归而创作，由鲍国安、林连昆、苏民、郎雄等主演，于1997年6月9日上映。

1997年，成都电视台主持人周东、何玲主持环卫晚会

时间的烟火

1995—2005　成都城市影像记忆

见此图标微信扫码

回溯时光,带你回味记忆中的老成都

微信扫码

看・名人趣谈
寻・天府文化
品・成都印象

1998年7月1日,黑豹乐队在回归俱乐部举行演唱会

1997年7月1日,回归俱乐部成立。1998年7月,回归俱乐部一周年庆邀请黑豹乐队来演出。

153

时间的烟火

1995—2005 成都城市影像记忆

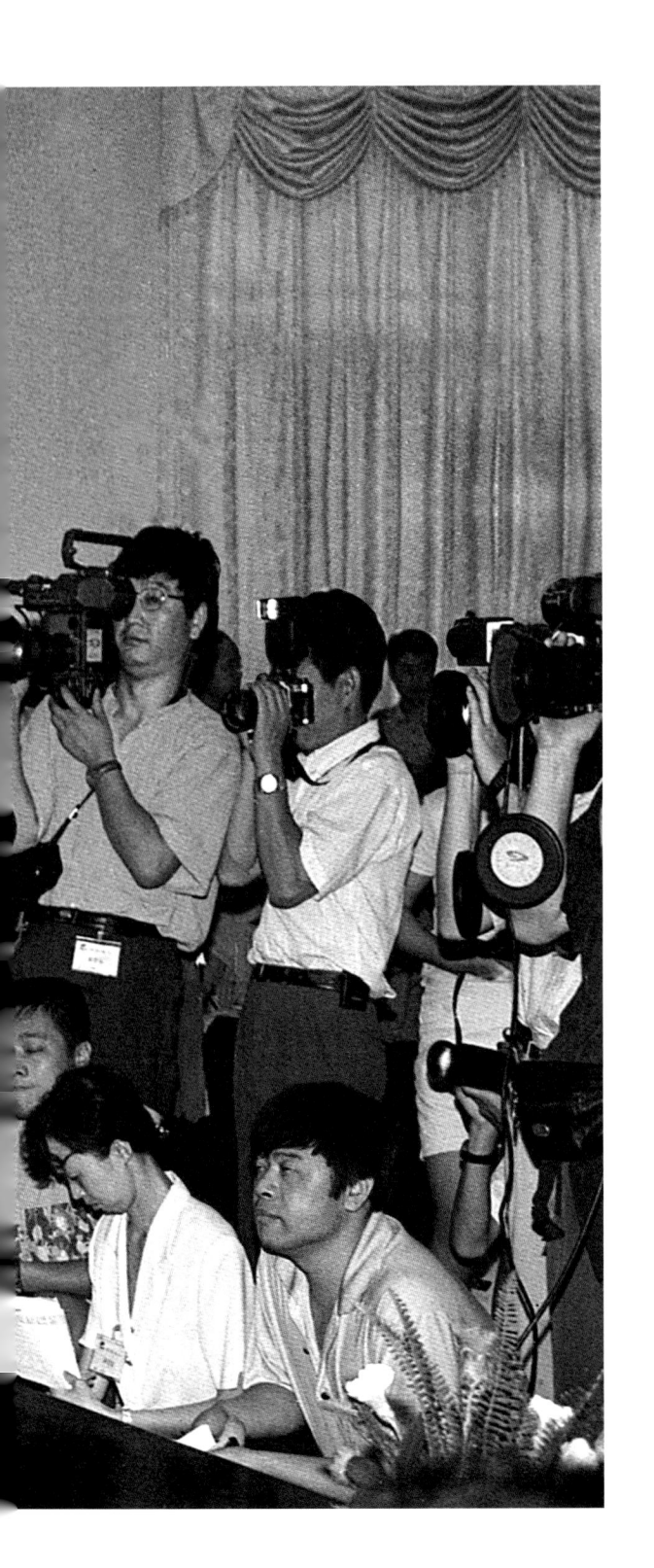

1998年7月，导演叶大鹰率《红色恋人》剧组来成都，张国荣接受成都媒体采访

1998年7月，在成都太平洋影城，导演叶大鹰率《红色恋人》主要演员张国荣、陶泽如、梅婷、叶丹丹等举行电影首映式，并和成都媒体见面。这是张国荣第一次也是唯一一次来到成都。当时，导演叶大鹰谈到为什么会选择张国荣合作时说，他看了张国荣的很多影片，感觉其身上有一种独特的气质，这种卓尔不群的气质特别与众不同，与影片人物的气质非常吻合，能塑造不同以往的英雄形象。同时，张国荣是一位非常专业的好演员，创作态度极其认真，加之他的英语很流利，片子里又有大段的英语对白，这一切都是选择和张国荣合作的原因。在现场，张国荣谈道，他对影片倾尽心血，所付出的精力半点也不比《霸王别姬》少。面对热情的成都观众，张国荣希望有机会在成都举办自己的演唱会，这一愿望随着他的离去终未能实现。

时间的烟火

1995—2005 成都城市影像记忆

1998年10月,
法国钢琴家理查德·克莱德曼在成都体育馆举办钢琴音乐会

时间的烟火

1995—2005 成都城市影像记忆

1998年，在成都经济电视台"友城之夜"文艺晚会上，"每日电视"少儿合唱团进行演出

时间的烟火

1995—2005 成都城市影像记忆

1998年，
谭咏麟1998金曲回归演唱会在成都体育中心举行。图为谭咏麟和温拿五虎之一彭建新

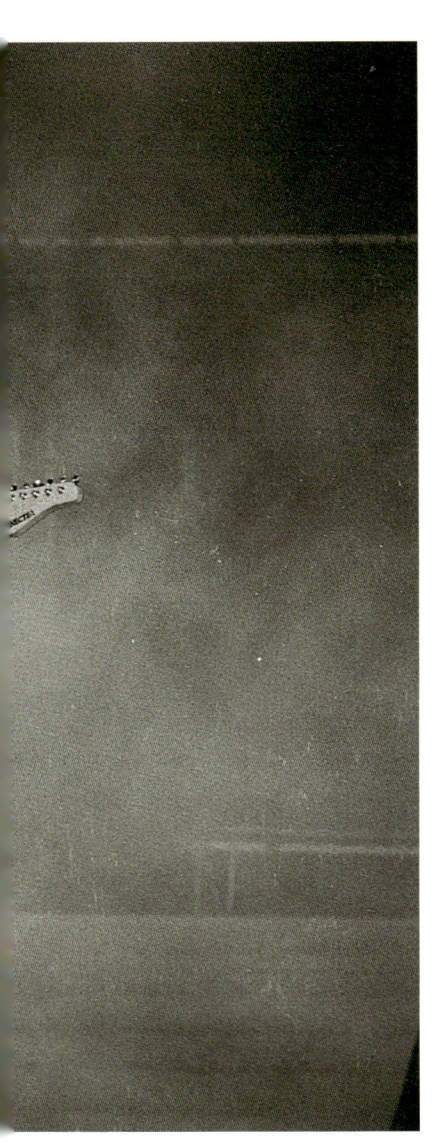

1998年，崔健在成都演出

时间的烟火

1995—2005 成都城市影像记忆

1998年，京剧《千古一人》演出现场

1998年，由著名剧作家徐棻编剧，成都京剧院演员高颂、刘露、郑洁、刘洁主演的京剧《千古一人》在四川剧场上演。京剧《千古一人》展现了蜀郡守李冰率蜀民建成都江堰，把旱涝皆灾的成都平原变为"水旱从人""不知饥馑"的天府之国的卓绝历程。

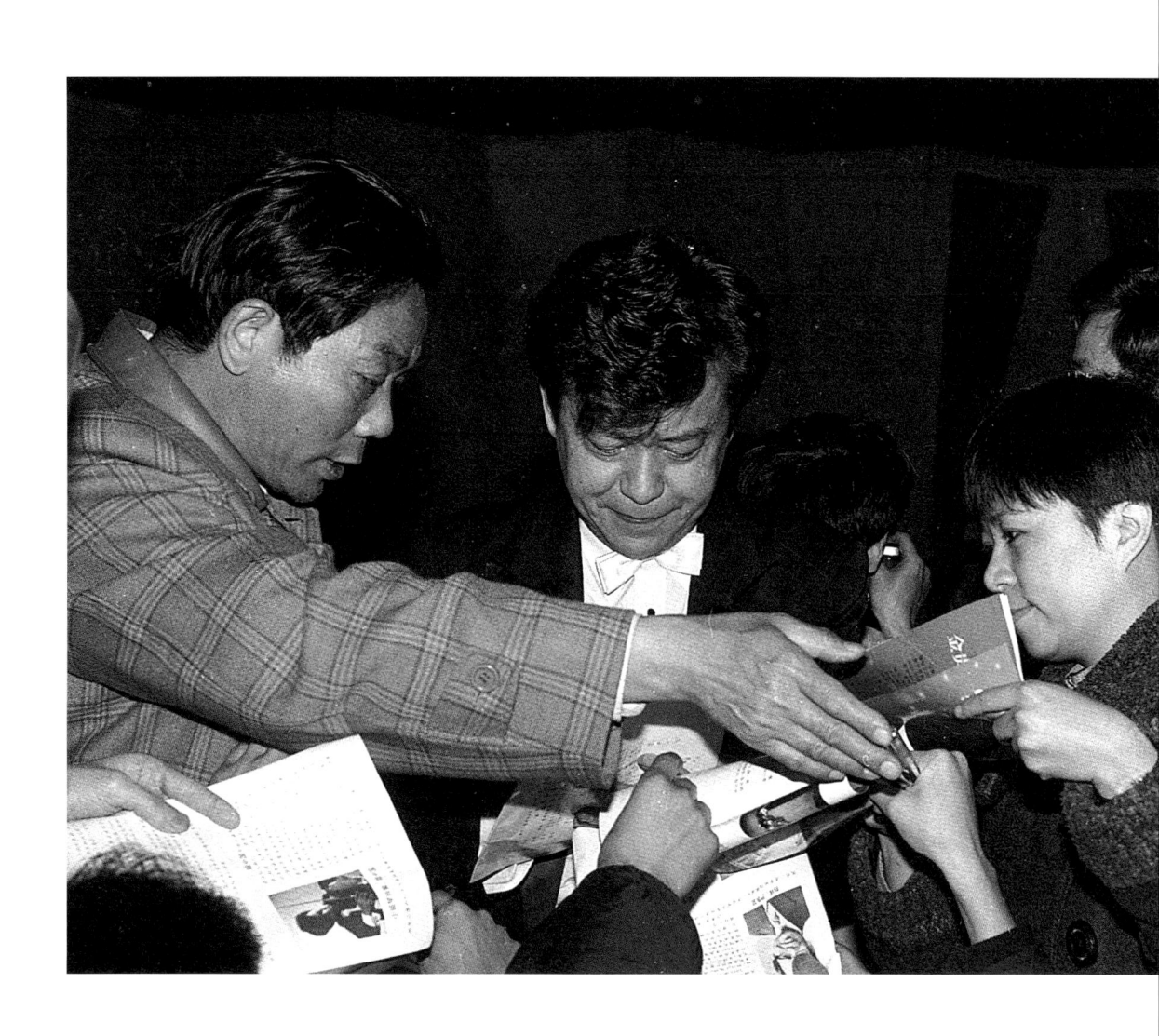

1998年，小提琴演奏家盛中国演出后为观众签名

时间的烟火

1995—2005 成都城市影像记忆

1999 年元旦,
成都电视台在锦江宾馆卢浮宫举办一年一度的成都新年音乐会

1999年,锦城艺术宫里《茶馆》剧组谢幕

1999年,锦城艺术宫上演北京人民艺术剧院排练的老舍作品《茶馆》。《茶馆》由林兆华导演,梁冠华、濮存昕、杨立新、何冰、吴刚、龚丽君主演。

时间的烟火

1995—2005 成都城市影像记忆

1999年，齐秦、齐豫在成都总府皇冠假日酒店的巡演发布会上

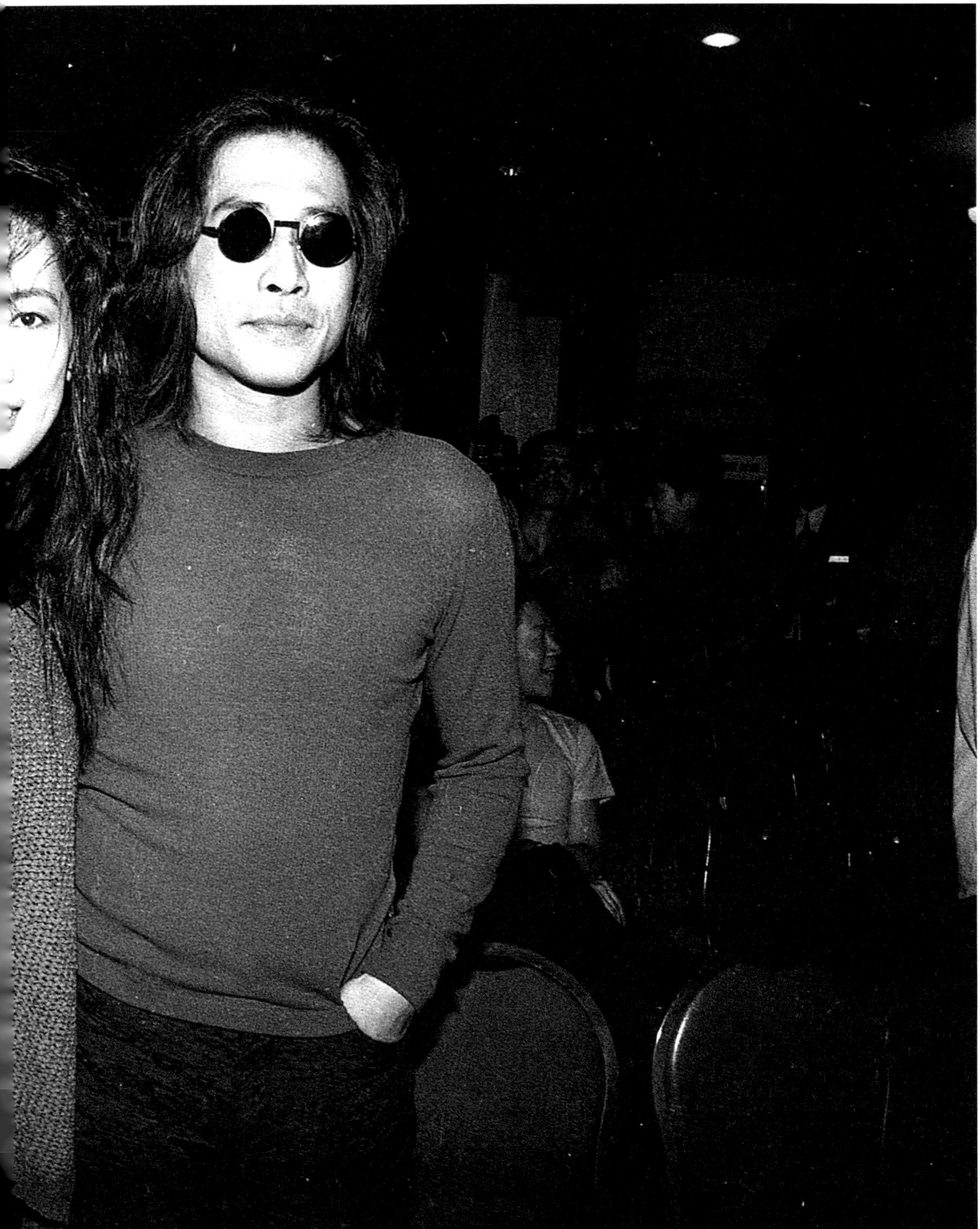

时间的烟火

1995—2005 成都城市影像记忆

1999年12月，成都解放50周年纪念晚会

1999年12月，举办成都解放50周年纪念晚会，央视主持人周涛、亚宁、朱迅，成都电视台主持人何玲、张超在彩排现场

时间的烟火

1995—2005 成都城市影像记忆

1999年，
央视少儿节目主持人鞠萍姐姐在成都举办的慈善晚会上和孩子们在一起

1999 年，青春校园音乐剧《未来组合》在四川人民艺术剧院演出

  由熊源伟导演、李亭编剧、李海鹰作曲的《未来组合》讲述了一群 17 岁高中生初次面对人生重大课题时的种种抉择，因青春活力的演员阵容、悦耳明快的音乐和真实有趣的剧情受到高校学生及广大年轻观众的喜爱，在全国各地连演 500 多场，观众超过 70 万人次。《未来组合》的演员之一谭维维当年恰好 17 岁，正是因为这部剧，她第一次站上大舞台展露歌喉，从此一步步开始了自己的歌手生涯。

时间的烟火

1995—2005 成都城市影像记忆

2000年,
"全国听众喜爱的歌手"成都颁奖典礼现场

2000年，
在四川省首届少年儿童艺术节上表演的孩子们

时间的烟火

1995—2005 成都城市影像记忆

见此图标
微信扫码

回溯时光,带你回味记忆中的老成都

微信扫码

看·名人趣谈
寻·天府文化
品·成都印象

2000年,巴西桑巴舞在成都上演

时间的烟火

1995—2005 成都城市影像记忆

2000年，话剧《富爸爸穷爸爸》在锦城艺术宫上演

2000 年，中国国家体操队运动员在成都

时间的烟火

1995—2005 成都城市影像记忆

2001年2月16日,由杨溢、焦媛主演的话剧《蝴蝶是自由的》在成都艺术中心上演

从上海到成都,到南宁再到广州等城市,每到一个地方,剧中那"昙花一现"的裸戏内容都成为焦点被大量报道。《蝴蝶是自由的》是否算得上开先河之作、媒体的态度是有意为之还是被利用炒作等问题发人深省。《蝴蝶是自由的》也被全国娱记大会评为当年的十大文化新闻之一。《蝴蝶是自由的》根据20世纪60年代美国百老汇名剧 *butterflies are free* 改编而成,曾荣获百老汇最高荣誉托尼奖,是经典浪漫的爱情喜剧。该话剧曾被改编成由高蒂·赫恩主演的电影《蝴蝶小姐》,轰动一时。中文版本由著名剧作家沙叶新重新打造润色。

时间的烟火

1995—2005 成都城市影像记忆

2001年3月5日，
成都骡马市华协电影院举办花样年华旗袍秀

　　2000年，由王家卫执导，张曼玉、梁朝伟主演的电影《花样年华》引发了一场旗袍热。

2001 年 7 月 28 日，
任贤齐在成都举办演唱会

时间的烟火

1995—2005 成都城市影像记忆

2001 年 11 月 15 日,俄罗斯芭蕾舞团在锦城艺术宫上演《天鹅湖》

　　锦城艺术宫是四川省最重要的文化艺术交流窗口、大型公益性文化场所。多年来超过 30 个国家的对外交流演出和数以千计的国内一流作品曾在此上演。2019 年锦城艺术宫拆除,在其原址对面修建了四川大剧院。

2001年，
俄罗斯亚历山大红军歌舞团在四川省体育馆演出

时间的烟火

1995—2005 成都城市影像记忆

2001年，
费翔在成都演出

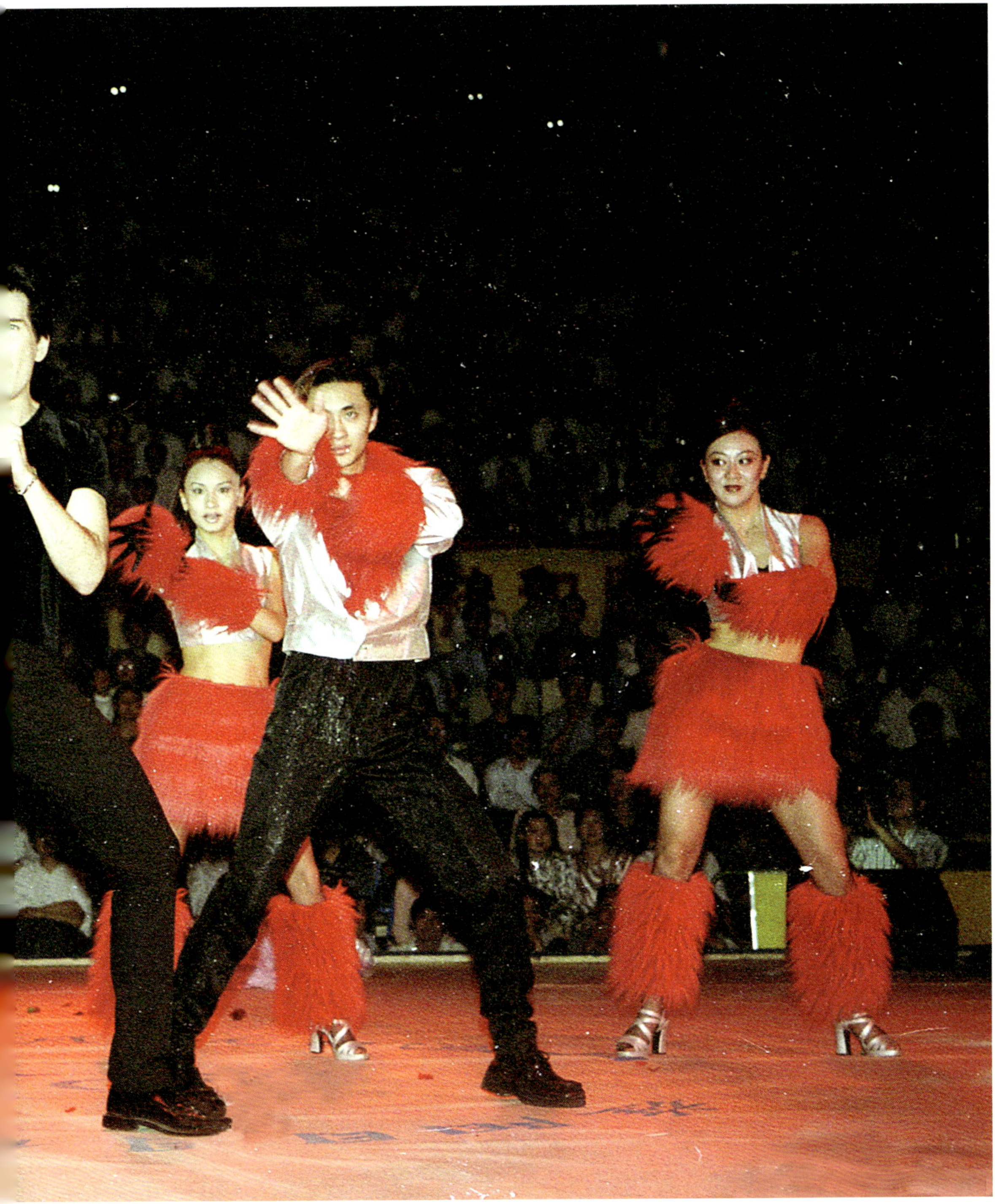

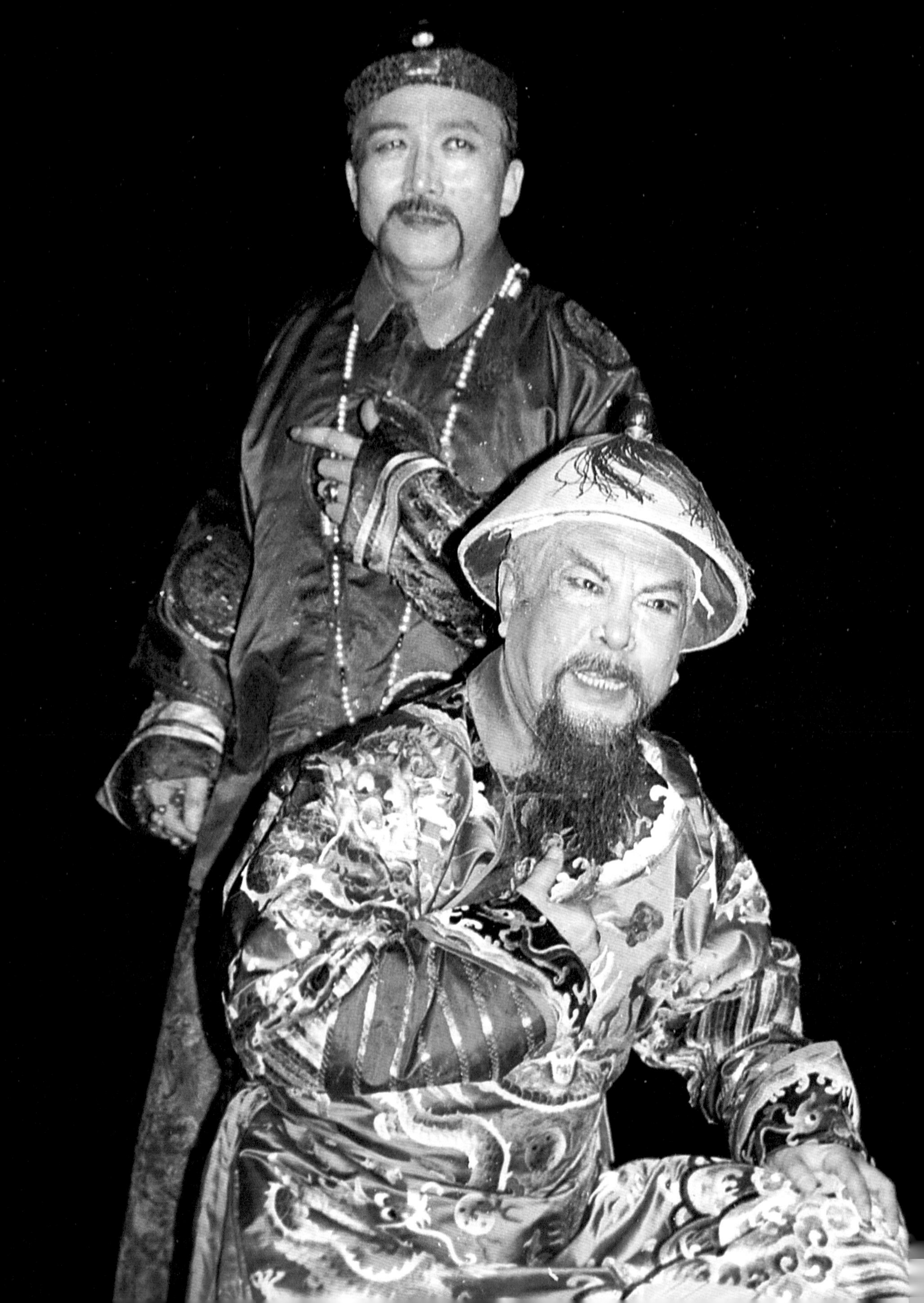

2001 年，四川人民艺术剧院大型记事体话剧《辛亥潮》在成都上演

大型记事体话剧《辛亥潮》以独特的风格、磅礴的气势，在第四届中国戏剧节上向评委和观众展示了四川人民艺术剧院的雄厚实力。《辛亥潮》的导演陈薪伊用"大写意"和"工笔画"的创作手法，借助电影"蒙太奇"和"画外音"的表现手法对四川保路运动这一历史事件和瞬息变幻的场景进行了巧妙的渲染和铺垫，把穿越时空的故事集中和简练地呈现在观众面前。这部作品曾在 1992 年获全国优秀剧本奖，演员们的精湛表演又使其增色不少。表演艺术家孙滨把反面人物赵尔丰"赵屠夫"演得活灵活现。孙滨在谈演赵尔丰的体会时说，不论演正面人物还是反面人物，都要站在他的立场上去思考，去揣摩，不能把人物脸谱化。遗憾的是，孙滨于 2022 年离世。

时间的烟火

1995—2005 成都城市影像记忆

2001 年，张艺谋导演的芭蕾舞剧《大红灯笼高高挂》在锦城艺术宫上演

　　由张艺谋导演、陈其钢作曲、王新鹏编舞、中央芭蕾舞团制作并演出的芭蕾舞剧《大红灯笼高高挂》，在保留传统芭蕾元素的同时，将中国国粹艺术京剧与现代芭蕾进行了结合，并在艺术手段方面大胆创新，是一部具有观赏性并有着深厚中国历史文化背景的芭蕾舞剧。

2002年5月22日，东方歌舞团在成都表演朝鲜舞

时间的烟火

1995—2005 成都城市影像记忆

2002年8月17日，成都电视台首届最佳主持人评选颁奖晚会

2002年8月17日，"佳禾之夜"与《蓉城周报》在成都电视台举办首届最佳主持人评选颁奖晚会，周东、周晓兵、吕冲、吴言、陈岳、李颖、子寒、白鸽、吕萱等当选首届最佳主持人。

2002年12月15日，郭富城在成都演出

时间的烟火

1995—2005 成都城市影像记忆

2002年，
四川十佳导演、编剧、演员颁奖典礼在四川电视台举行，
剧作家魏明伦、导演欧阳奋强、编剧钱滨等获此殊荣

2002年，国家一级演员张廷玉、袁永恒表演小品《洪霞》，该小品获得文华奖

时间的烟火

1995—2005 成都城市影像记忆

2002年，现代京剧《红灯记》在成都上演

2003年，东方歌舞团演员朱明瑛在成都演出

时间的烟火

1995—2005 成都城市影像记忆

2003年2月22日，萧亚轩来成都为品牌彩妆做宣传，受到歌迷的追捧

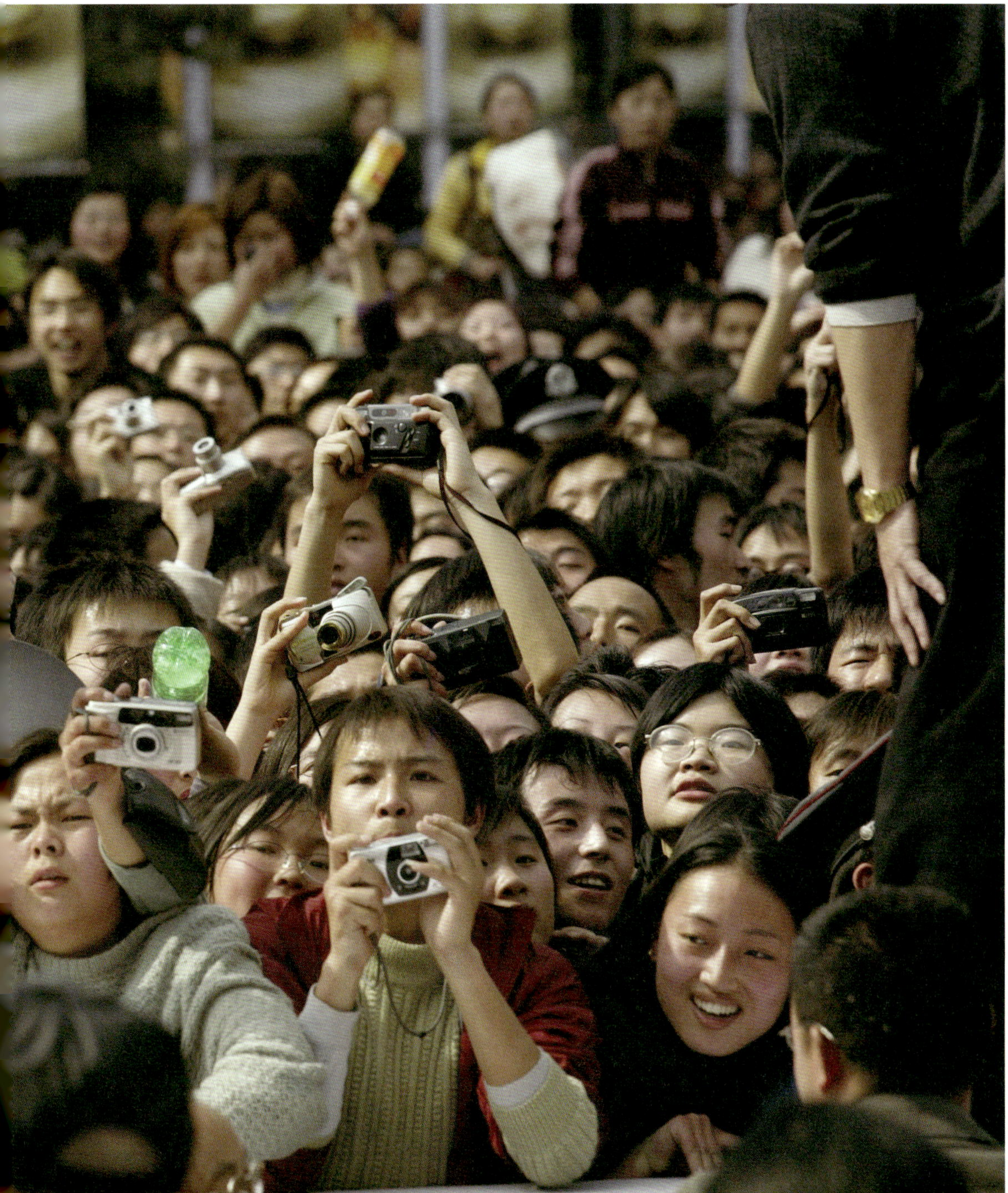

时间的烟火

1995—2005 成都城市影像记忆

2005年3月11日，
由陈薪伊导演，达式常、潘虹、濮存昕、蔡国庆、田海蓉主演的曹禺原著话剧《雷雨》在成都锦城艺术宫上演

文脉流动

这些有趣的灵魂带给我们文明的光芒。

时间的烟火

1995—2005 成都城市影像记忆

见此图标
微信扫码

回溯时光,带你回
味记忆中的老成都

微信扫码

看·名人趣谈
寻·天府文化
品·成都印象

1995年,
陈逸飞在第二届四川书市为
读者签售

时间的烟火

1995—2005 成都城市影像记忆

1995年2月28日,丁峤(左四)、刘江（右二）等为来成都参加活动的演员凌元（《黑三角》中饰反派角色）庆祝78岁生日

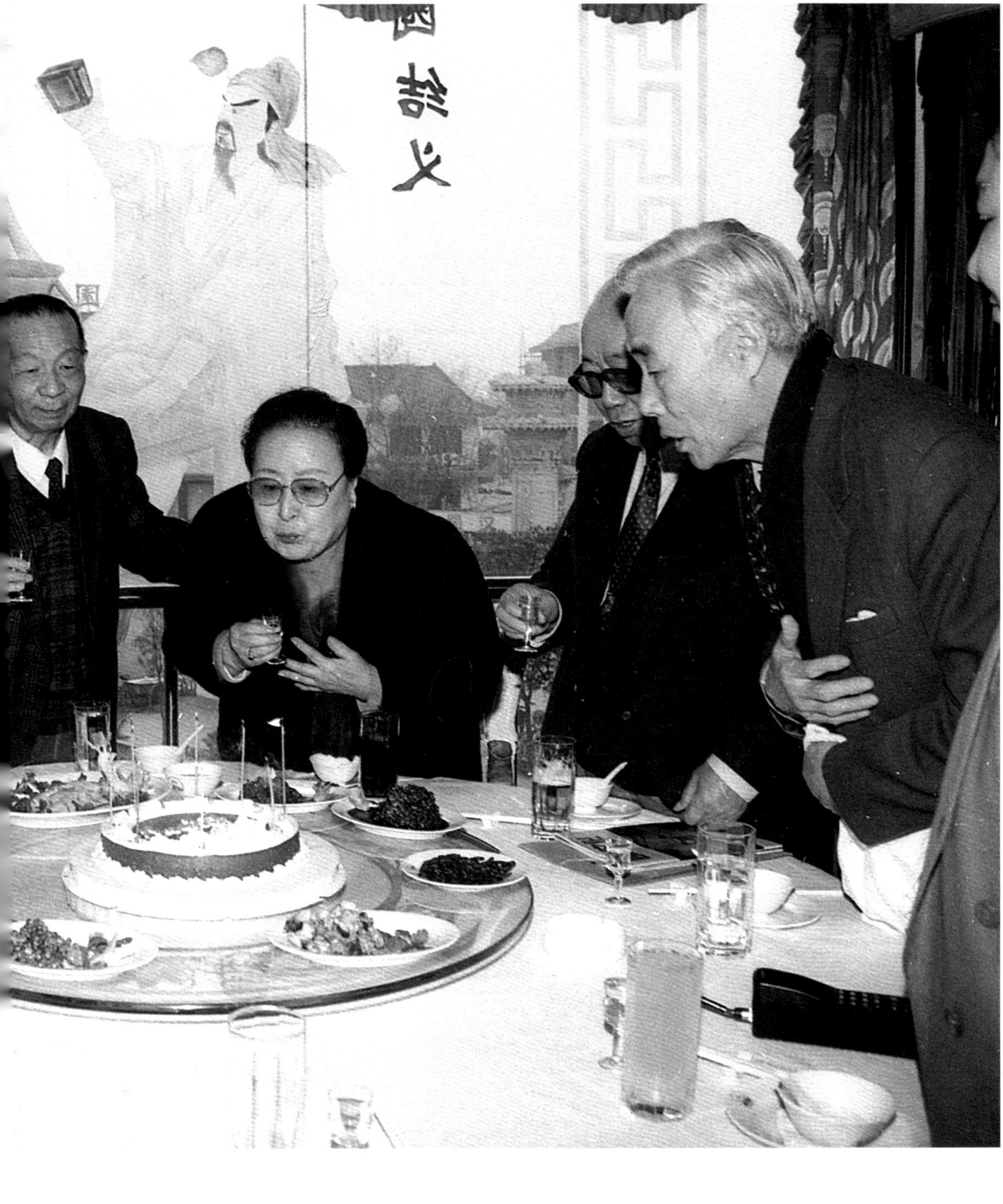

时间的烟火

1995—2005 成都城市影像记忆

1995 年，画家赵蕴玉为茶坊协会留下墨宝

  赵蕴玉继承了我国优秀的绘画传统，师承张大千。在传统中汲取石涛之新的意念，求取突破与变化。他功力深厚，举凡人物、花鸟、山水均为其所长，工笔重彩、写意、白描各类表达技法均随手拈来，无不自然成章。

1996年5月,成都老报人、美食家车辐在大慈寺跳迪斯科

时间的烟火

1995—2005 成都城市影像记忆

1996年5月,
漫画家丁聪在四川美术馆举办漫画展,并为观众签名

1996年5月31日，
在成都毓秀苑宾馆，周恩来扮演者王铁成和铁道部第二勘测设计院子弟小学三年级的学生在一起

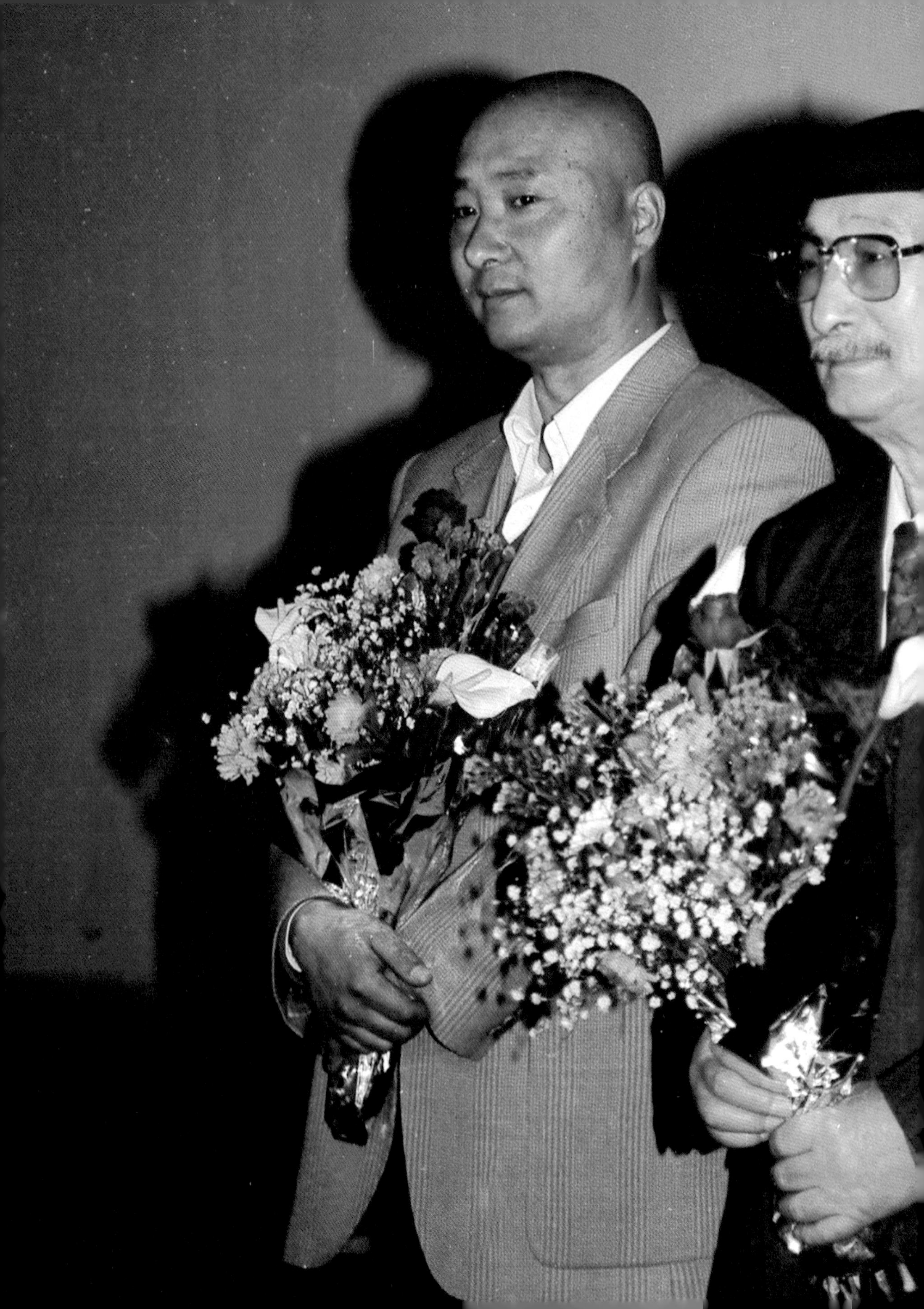

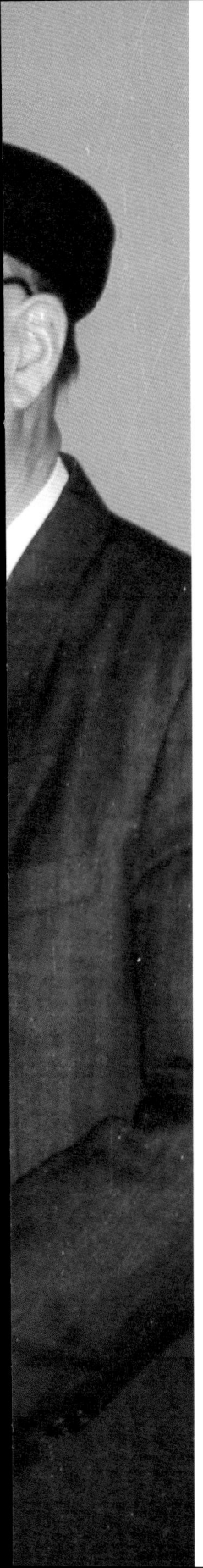

1996年，
陈强、陈佩斯父子到成都为电影《太后吉祥》做宣传

时间的烟火

1995—2005 成都城市影像记忆

1997年5月，来成都参加中国当代作家五粮液笔会的汪曾祺现场挥毫留墨宝

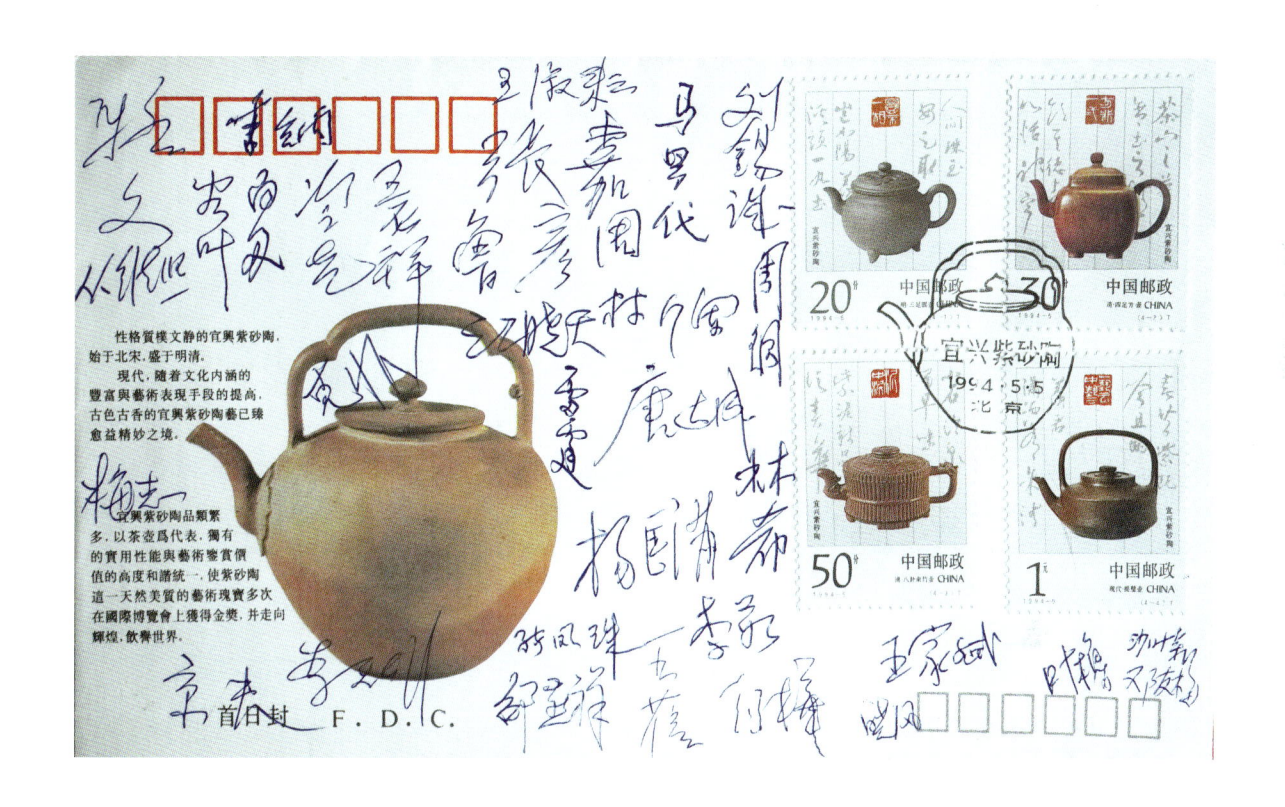

1997 年 5 月，中国当代作家五粮液笔会作家签名首日封

1997 年参加中国当代作家五粮液笔会的作家有：唐达成、邓友梅、林斤澜、邵燕祥、韩静霆、从维熙、叶撸、王玉祥、京夫、李宏林、林希、王家斌、王松青、何世光、吉狄马加、杨匡满、沙叶新、白刃、张凤珠、李纳、马识途、李致、王火、孙敬轩、周纲、克飞、唐大同、赵郁秀、刘锡成、杨守心、王蓓、李大雄、梅志、白桦。

时间的烟火

1995—2005 成都城市影像记忆

1997年9月12日，
潘天寿100周年诞辰书画展在四川美术馆举行

1997年10月,
应中日出租汽车公司邀请,
相声演员牛群"牛眼看家"全国摄影展在四川美术馆举办

时间的烟火

1995—2005 成都城市影像记忆

1997年,成都组织送文化下乡,书法家在邛崃市现场写春联

　　1996年12月,中央宣传部、国家科委、农业部、文化部等十部委联合下发《关于开展文化科技卫生"三下乡"活动的通知》。1997年,"三下乡"活动在全国正式开展。"三下乡"是指文化下乡、科技下乡、卫生下乡。文化下乡包括:图书、报刊下乡,送戏下乡,电影、电视下乡,开展群众性文化活动;科技下乡包括:科技人员下乡,科技信息下乡,开展科普活动;卫生下乡包括:医务人员下乡,扶持乡村卫生组织,培训农村卫生人员,参与和推动当地合作医疗事业发展。

时间的烟火

1995—2005 成都城市影像记忆

1997年，由张艺谋导演，姜文、瞿颖主演的电影《有话好好说》剧组在四川经济广播电台做节目

1998年4月，成都老报人、美食家车辐（后中）和谐剧表演艺术家王永梭（后左）、川剧皇后许倩云（前）、歌唱家李存琏（后右）在一起

时间的烟火

1995—2005 成都城市影像记忆

1998年10月15日，第14届全国版画展在四川美术馆举办

1998年，四川清音表演艺术家程永玲到成都市第六建筑工程公司慰问演出

时间的烟火

1995—2005 成都城市影像记忆

1999年5月,
老年大学国标舞舞者

1999年6月19日，在电影作品杂志社主办的"世纪之路电影与文学（成都）"研讨会上，陈凯歌挥毫写下一幅作品

时间的烟火

1995—2005 成都城市影像记忆

1999年7月，府南河音乐会在音乐广场举办

1999年，邓小平的女儿邓林展示画册《邓小平——女儿心中的父亲》中她拍摄的父亲

由中央文献出版社出版的大型摄影画册《邓小平——女儿心中的父亲》收录了邓林从20多年来拍摄的父亲生活、工作照中选出的120幅照片。画册分为"爸爸""爸爸和妈妈""爸爸和我们""爸爸和我"四个部分，照片从不同侧面表现了伟人平凡的一面。邓林说，这本画册不是史诗，不是一代伟人的画传，也不是摄影家艺术技巧的展示，而是女儿对父亲永不磨灭的记忆，是女儿对父亲深深的思念。同时，邓林携《邓小平——女儿心中的父亲》画册在成都购书中心签名售书。

时间的烟火

1995—2005 成都城市影像记忆

1999年8月，三峡画派代表人物岑学恭观看孩子们的绘画作品

　　三峡画派创始人岑学恭先生注重传统的北宗山水画技法，用笔苍劲，功力深厚，作品多取材于巴山蜀水，以卓尔不群的"三峡风格"独步中国画坛。他的作品成为四川人民的友好使者，曾登上东瀛扶桑、英伦三岛、大洋彼岸的大雅之堂，"岑三峡"的美名也随着三峡风光驰名中外。

1999年8月，
导演欧阳奋强和星星外国语学校的孩子们在一起

时间的烟火

1995—2005 成都城市影像记忆

1999年8月，
在国防乐园"国际乐园杯"世纪经典少儿歌曲回顾大型演唱会晚会现场，老红军天宝和孩子们在一起

时间的烟火

1995—2005 成都城市影像记忆

1999年9月21日，
郎平在成都购书中心
签售新书《激情岁月》

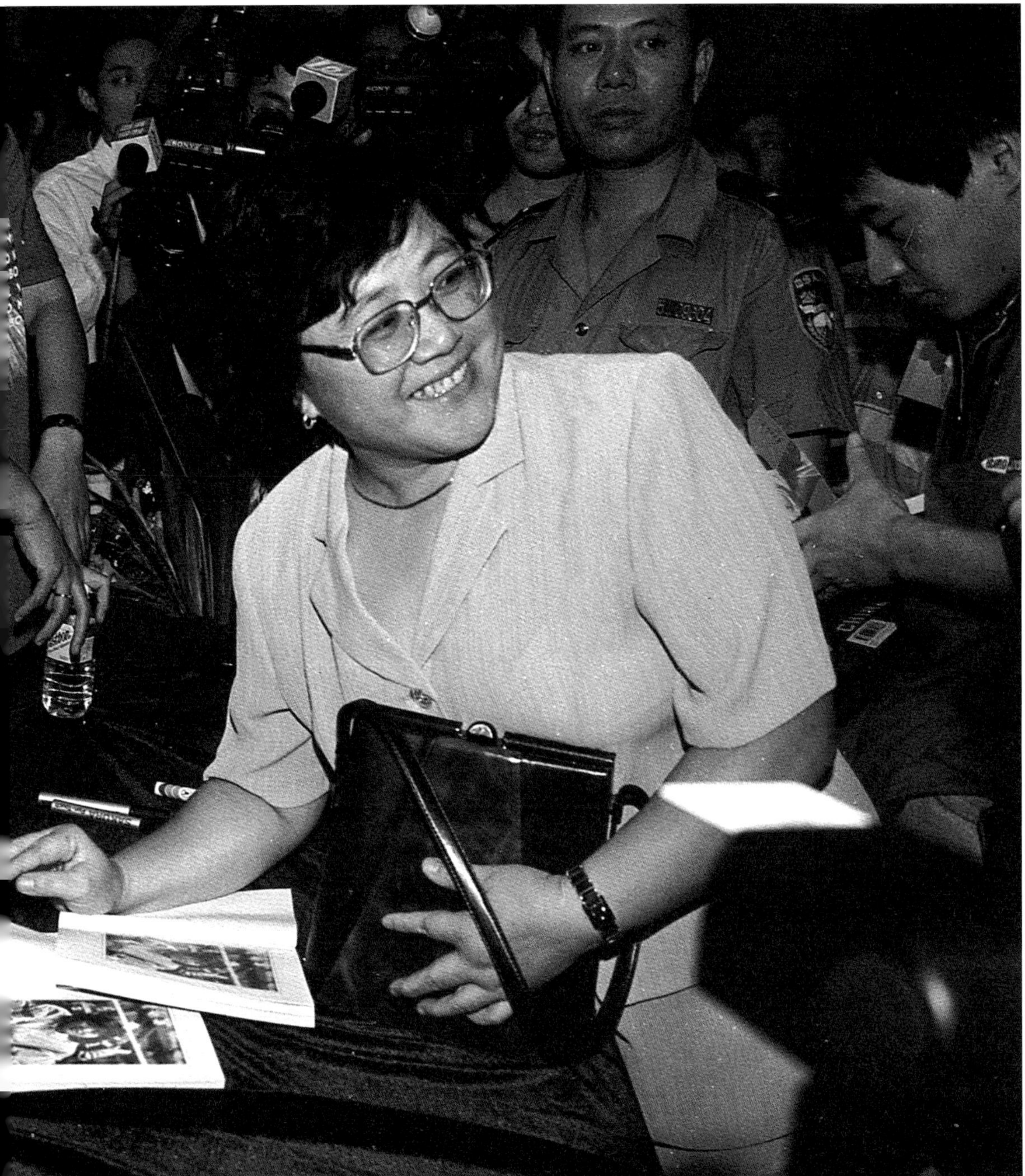

时间的烟火

1995—2005 成都城市影像记忆

1999年10月,来四川书市签售的吴冠中(左二)、陈钢(右三)、章含之(右二)(前排戴牌、胸花一行)

  1994年9月27日至10月7日,四川首届书市在成都体育中心举行,书市分设北京、上海、天津、四川等21个展厅,以及外文图书展厅和5个综合性展厅,来自海内外500多家出版社携7万余种图书和音像制品前来参加。四川首届书市以空前壮观的规模向广大读者展现出一片书的海洋。书市开幕第一天,进场者就达15万人次,零售额高达112万元,国庆节期间书市每天人流量更是高达20万人次。首届书市累计有310万人次入场选购图书,其中成都主展场160万人次。

时间的烟火

1995—2005 成都城市影像记忆

1999年11月，在成都玉林西路"白夜"酒吧门前，周斌展示行为艺术《沟通》

　　白夜是由诗人翟永明、艺术家何多苓与友人戴红创立于1998年的独立文化品牌，白夜酒吧由建筑师刘家琨设计，致力于全球范围内文学与艺术的交流与传播。品牌创立至今举办过无数的跨领域文化活动，策划举办了一系列文学、文化沙龙——中外诗歌朗诵会、艺术展览、电影放映、戏剧沙龙、音乐演出、翻译工作坊等，活动嘉宾均由来自巴西、美国、以色列、德国、斯洛文尼亚、英国、爱尔兰及国内各地区的诗人、作家、艺术家、建筑师、电影人、大学教授、文学评论家组成。

白夜

bar
coffee
bookshop
酒 咖啡 书

时间的烟火

1995—2005 成都城市影像记忆

1999年12月31日，成都现代艺术馆举行"世纪之门：1979—1999中国艺术大展"

　　成都的"世纪之门"现代艺术展是20世纪90年代中国当代艺术的重要事件之一。成都当代艺术馆是当时中国乃至亚洲最大的现代艺术馆。1999年12月31日，20世纪的最后一天，成都市有史以来最具规模和水准的综合性艺术大展在会展中心举办，吴冠中、启功、靳尚谊、罗中立等200位著名画家、书法家、雕塑家的艺术精品与观众见面。"世纪之门：1979—1999中国艺术大展"艺术盛会展出作品包括罗中立的《父亲》、何多苓的《春风已经苏醒》、杨力舟的《太行铁壁》等中国美术馆馆藏珍品，吴冠中、靳尚谊等艺术家的最新力作，以及启功、林散之、沙孟海等中国书法大师的稀世真迹数十幅，合计近千件艺术作品参展。

时间的烟火

1995—2005 成都城市影像记忆

1999年,四川省展览馆楼下弘文书局正在阅读的读者

2000年6月，
时任香港电影局主席吴思远（左一）到成都考察文化演出市场

时间的烟火

1995—2005 成都城市影像记忆

2000年11月4日,茅盾文学奖获得者作家阿来、张平参加购书中心和《成都商报》举办的读者见面会

　　《尘埃落定》是藏族作家阿来的一部长篇小说,首次出版于1998年。小说展现了独特的藏族风情及土司制度。2000年,《尘埃落定》获第五届茅盾文学奖。《抉择》是当代作家张平的长篇小说,1997年首次出版。小说以现实生活中大中型企业的艰难经营为背景,描述了一群领导干部腐败和广大群众反腐败的激烈斗争。2000年,《抉择》获得第五届茅盾文学奖。2019年9月23日,《尘埃落定》《抉择》入选"新中国70年70部长篇小说典藏"。

2000年12月，
来自全国各省、区、市的40家媒体代表
在成都召开了全国娱乐记者大会，并参观成都购书中心

时间的烟火

1995—2005 成都城市影像记忆

2000年，
参加新锐作家成都研讨会的作家王朔为读者签名

2000 年，
以色列在四川大学举办《充满活力的以色列》摄影展，
时任以色列驻华大使 Oranamir 女士出席了开幕式

时间的烟火

1995—2005　成都城市影像记忆

2001年1月17日，旅美作家、全美中国作家联谊会会长、诺贝尔文学奖中国作家提名委员会共同主席姜卫民来成都拜访作家马识途

　　旅居美国的姜卫民致力于中美文化交流，致力于向海外推荐中国作家及其作品。1996年11月，姜卫民创建全美中国作家联谊会；1997年10月，组织开展了中国作家向哈佛、耶鲁、哥伦比亚三所大学签名赠书活动，该活动历时一年有余，反响很大；1998年5月，姜卫民在美国康涅狄格州建立了海外第一家"中国作家之家"。因其出色的表现姜卫民被中国作家协会副主席蒋子龙称为文学"丝绸之路"引驼人。2001年1月17日，姜卫民还拜访了作家王火、李致等。

海外存知己
初見若故交

时间的烟火

1995—2005 成都城市影像记忆

2001年4月28日，以关注大熊猫为主题的一场慈善足球义赛在成都体育中心举行

有多名"外援"助阵的主队四川电视台队以8：7战胜由白岩松、崔永元、张斌、刘建宏、刘仪伟等组成的"东方时空"足球队，成功募集了50万元人民币捐赠给大熊猫保护事业。歌手韩红、谢东现场助阵。

成都体育中心于1987年9月开工修建，于1991年12月底竣工。体育中心自1992年至今，已举办如世界杯足球外围赛、全国足球甲级联赛、全国田径锦标赛等国际、国内大型比赛260余次，还成功举办了如全国书市、国际熊猫节、全国糖酒会、全国大学生运动会开幕式、大型个人演唱会、特价商品交易会、各类专业产品展示会等大型经济、文化活动和各种社会宣传活动。2013年，成都体育中心在进行提升改造施工中发现了唐代建筑基址等重大古代遗址。2014年，成都体育中心被正式确定为成都东华门考古遗址公园的一部分。2019年，成都东华门遗址入选第九批省级文物保护单位名单。

时间的烟火

1995—2005 成都城市影像记忆

2001年10月31日,《足球记者零距离：李响与米卢的心灵对话》在成都购书中心签售，读者为米卢送上蜀绣

　　2001年10月7日，米卢率领的中国国家队圆了44年的世界杯之梦，首次进军世界杯比赛。2002年韩日世界杯结束后米卢卸任，之后历任洪都拉斯、牙买加、伊拉克等国家队主教练。

2001年，侵华日军盐谷保芳来中国谢罪，并向收藏家樊建川赠送文物

时间的烟火

1995—2005　成都城市影像记忆

2002年，凤凰卫视主持人吴小莉在成都购书中心与读者见面，并签售新书

2003年5月13日，电视节目主持人、制作人、慈善家、美籍华人靳羽西携新书《魅力何来》与成都女性交流

时间的烟火

1995—2005　成都城市影像记忆

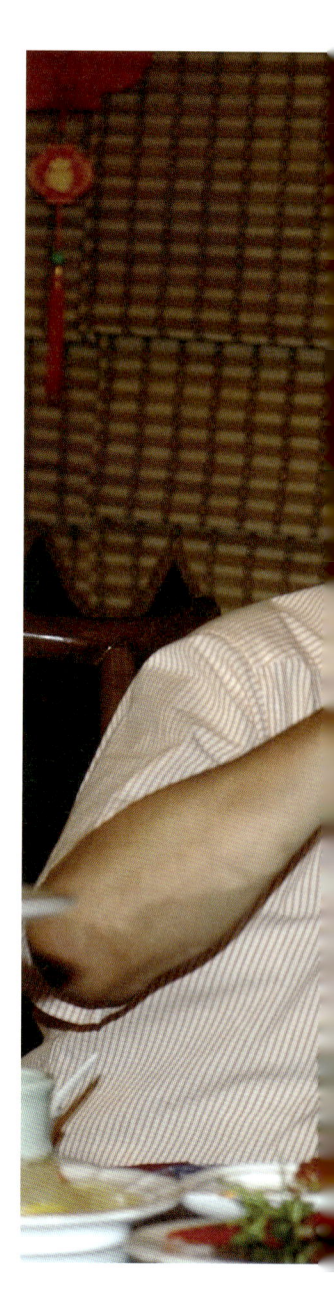

2003年9月25日,来成都参加西博会的"中美民间大使"陈香梅女士在锦江宾馆接受媒体采访

2004年7月10日，四川美食家协会主席李树人和成都老报人、美食家车辐在沙湾会展中心

时间的烟火

1995—2005 成都城市影像记忆

2004年9月14日，美国著名钢琴家德克斯特·格雷博士为感谢医务工作者，在华西医院举办了一场特殊的钢琴音乐会

  2004年9月，72岁的德克斯特·格雷博士因严重的肺部感染及心血管疾病发作被送到四川大学华西医院金卡医院抢救，得到医务人员的精心治疗。康复后，他用其"世界第一钢琴"（也称"魔琴"）在金卡医院咖啡厅举行了一场特别的钢琴独奏音乐会，以此作为感谢。

2004 年 9 月 26 日，作家金庸参观都江堰水利工程

　　2004 年 9 月，金庸四川之行拜访了杜甫草堂、三苏祠，参观了三星堆、乐山大佛，游览了峨眉山、青城山、九寨沟，在成都芙蓉古城参与了文化论坛，去四川大学作了文学讲座，还在熊猫基地和大熊猫合了影。

时间的烟火

1995—2005 成都城市影像记忆

2004年12月16日，
在四川文艺界纪念沙汀、艾芜100周年诞辰活动上，沙汀之子杨礼和艾芜之子汤继湘在父辈握手的照片前握手

2005年1月26日，在成都城市精神主题词揭晓晚会上，巴蜀文化学者袁庭栋、剧作家徐棻参加成都电视台访谈节目

时间的烟火

1995—2005 成都城市影像记忆

> 见此图标
> 微信扫码
> 回溯时光，带你回味记忆中的老成都

微信扫码
看·名人趣谈
寻·天府文化
品·成都印象

2005年2月23日，诗人余光中来成都武侯祠参加"千秋蜀汉风·武侯海峡诗歌楹联会"

前来参加诗歌楹联会的还有流沙河、舒婷、洛夫、犁青、林莽、李元洛等诗人。余光中是当代诗人、翻译家，代表作有《乡愁》《白玉苦瓜》等。一首《乡愁》在全球华人世界引发强烈共鸣。

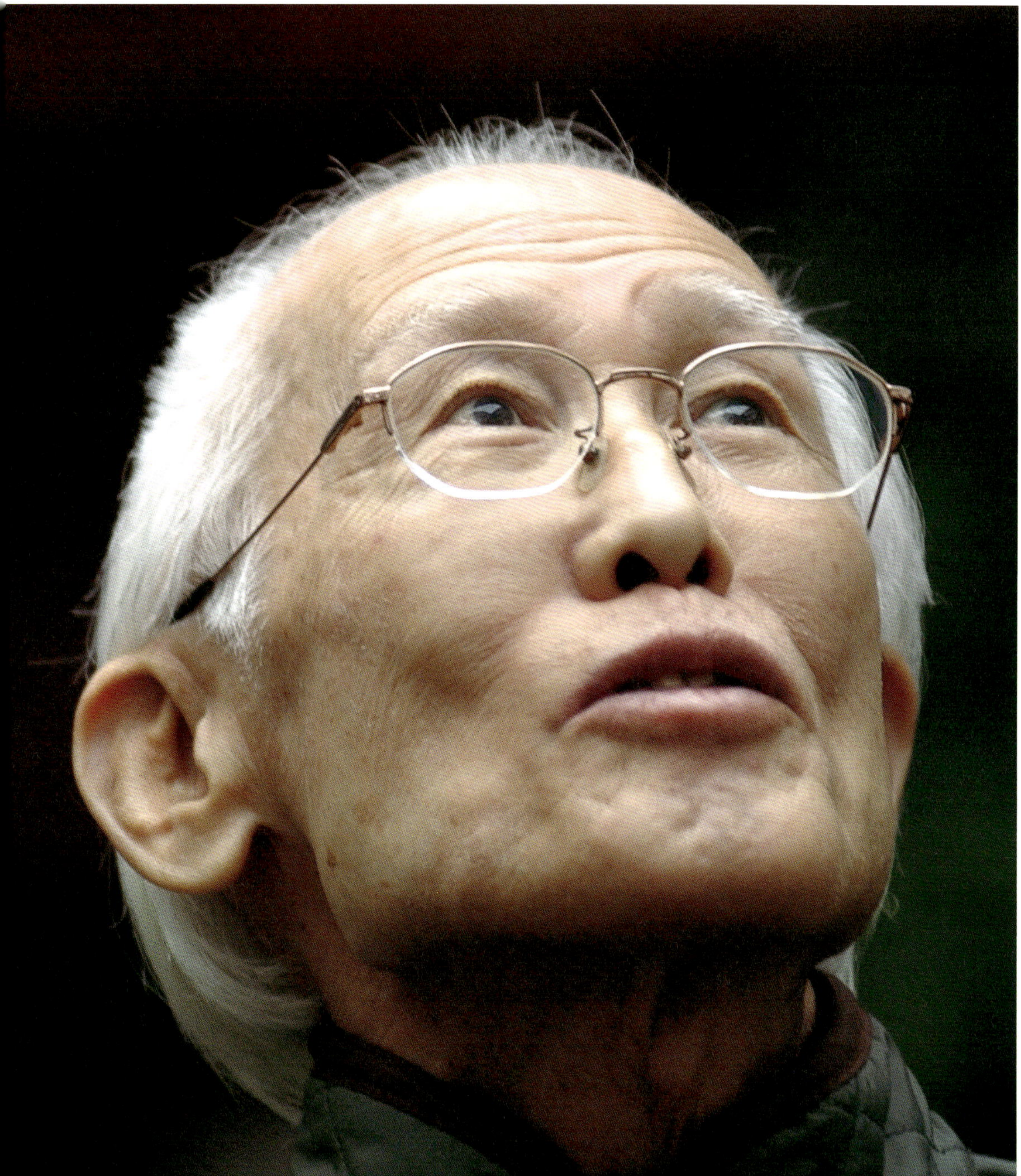

时间的烟火

1995—2005 成都城市影像记忆

2005年2月23日，作家、诗人流沙河在"千秋蜀汉风·武侯海峡诗歌楹联会"上朗诵诗歌

2005 年 3 月 18 日，中国当代艺术家前来成都庆祝"小酒馆"8 周年生日活动

　　1997 年 1 月 18 日，被称为"摇滚之母"的唐蕾在玉林西路开了一家 70 平方米的小酒馆。20 世纪 90 年代，小酒馆聚集了与中国当代艺术有关的艺术家，包括栗宪庭、王广义、周春芽、何多苓等，他们都把这里当成了自己的"客厅"。小酒馆的名字来自画家沈晓彤，logo 是艺术家邱黯雄手绘，钉在门口墙上的桌椅是建筑设计师刘家琨的创意。

肆

笑语不歇 街巷行

商肆栉比

老照片就像时光机,能找到那些消逝的痕迹。

从天府广场到春熙路商圈,它们承载着一代又一代成都人逛商场的记忆。

时间的烟火

1995—2005 成都城市影像记忆

1994年，市民在成都洋快餐德客士乡村炸鸡门口排队

1995 年,陪孩子吃肯德基的妈妈

1995 年 4 月 9 日,成都第一家肯德基餐厅在总府路开业,这也是西南地区首家肯德基。

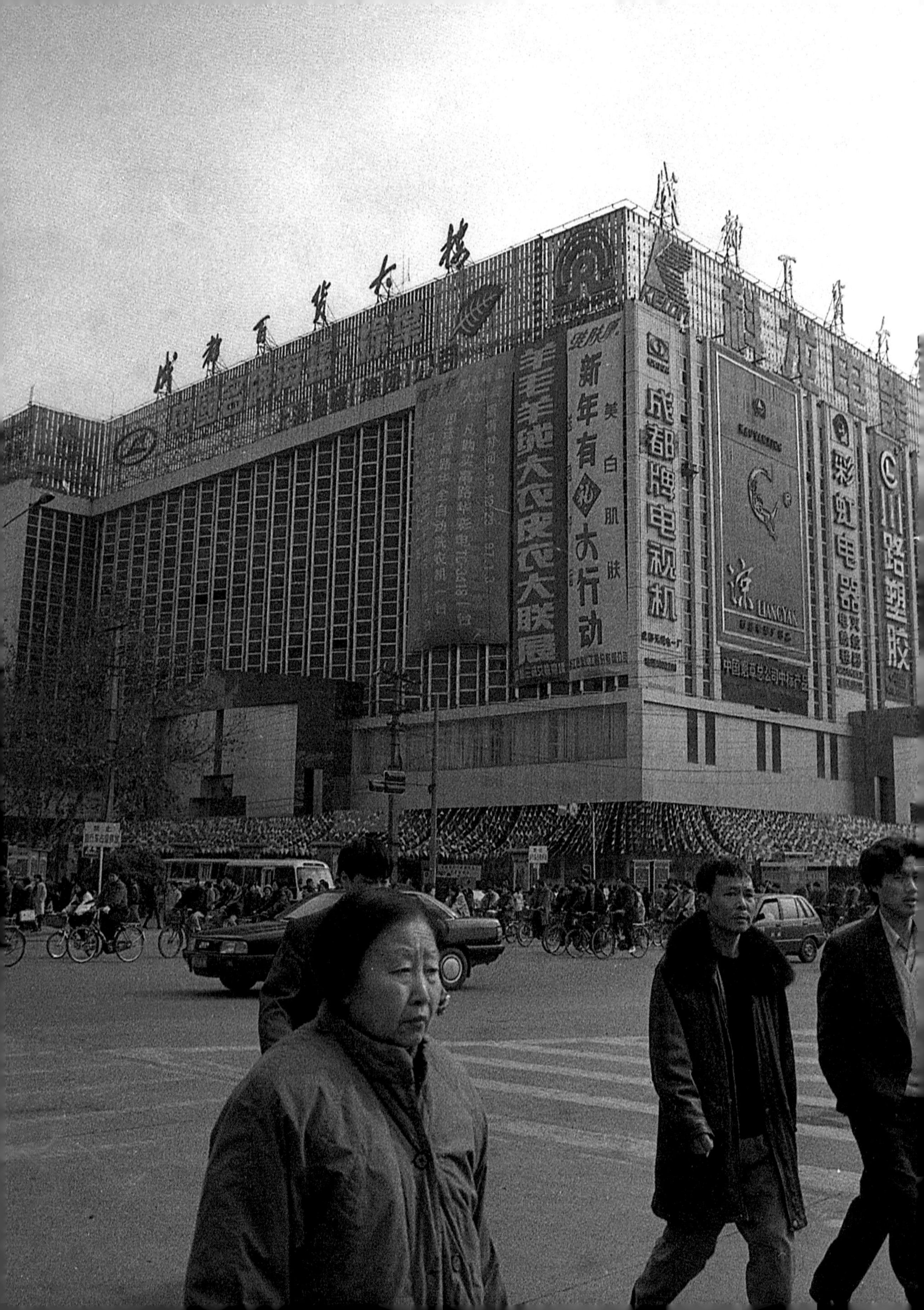

成都百货大楼
羊毛衫大衣皮衣大联展
新年有大行动
美白肌肤
成都牌电视机
彩虹电器
川路塑胶
LIANGYAN

1996年，成都百货大楼

　　1952年，成都百货大楼开业时只有三层，因其优越的地理位置成为天府广场乃至成都的标志性建筑之一。1986年，成都百货大楼改建成五层，在人均年工资几百元的20世纪90年代，曾创下了3.5亿元的年销售额。那个年代，成都百货大楼是四川省三大零售商场和成都市十家创利税大户之一。1992年、1993年连续两年被国内贸易部、国家统计局评定为"全国百家最大零售商店"。2008年5月，成都百货大楼拆除，在原址上重建了"百扬大厦"。在重建升级的过程中其和太平洋百货的控股方远东集团合作，"百货大楼"变成了"远东百货"。从此"成都百货大楼"逐渐从成都人的视野中淡出。

时间的烟火

1995—2005 成都城市影像记忆

见此图标
微信扫码

回溯时光,带你回
味记忆中的老成都

微信扫码

看·名人趣谈
寻·天府文化
品·成都印象

1997年,
天府广场旁的
仁和珠宝店

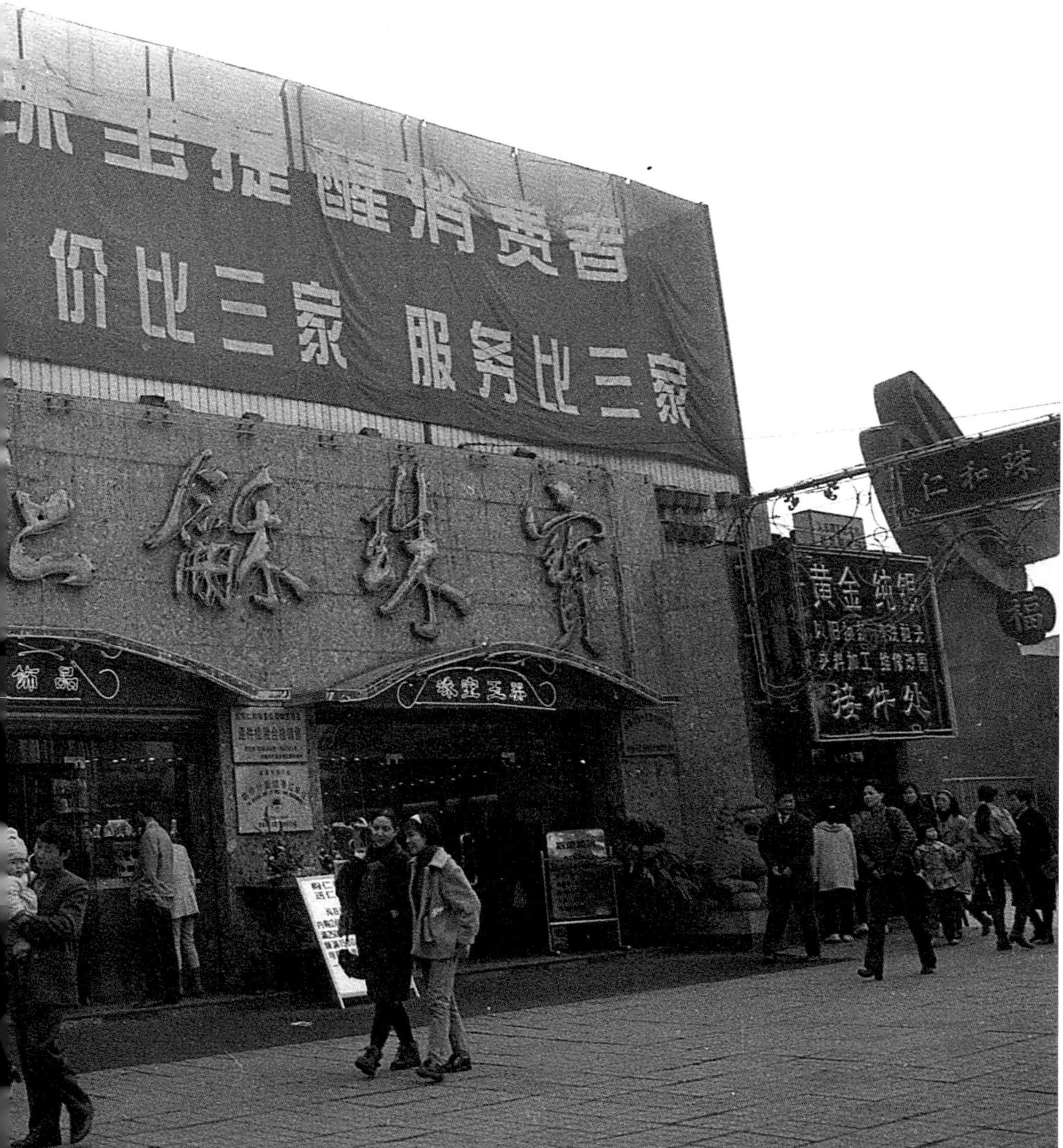
价比三家 服务比三家
仁和珠
黄金纯银
接件处
福

时间的烟火

1995—2005 成都城市影像记忆

1998 年，协和百货商场的营业员大嫂经过培训后绶带上岗

  协和百货商场 60% 的营业员大嫂来自厂矿企业、服务行业，有 1000 多人参加考核，最终 120 人进入复试。经过短期培训，首批 40 名营业员大嫂绶带上岗。

1999年，陈逸飞和成都模特在仁和春天商场走秀

　　1998年3月，陈逸飞在上海推出了自己的女装品牌LAYEFE。第二年，逸飞女装在仁和春天商场开设专柜，为推广自己的品牌，陈逸飞还和成都模特在商场一同走秀。

时间的烟火

1995—2005 成都城市影像记忆

1999年，成都百盛商场打折季

1999年，成都协和商场 T 台时装秀上的模特

时间的烟火

1995—2005 成都城市影像记忆

1999 年，小朋友们和肯德基餐厅门前的皮卡丘合影

2000年，家电商场的电视机专柜

时间的烟火

1995—2005 成都城市影像记忆

2001 年 3 月，刘永好（左二）与高岩（右二）在资产重组合作协议签字仪式上

2001 年 3 月，刘永好与高岩分别代表四川科讯多媒体有限公司（新希望集团控股）、国营成都电视设备厂（630 厂）在资产重组合作协议上签字，之后刘永好进军 IT 行业。

2001年4月16日，美美力诚百货商场开业大秀，模特在展示世界品牌

  1999年，力诚百货在人民南路红照壁路口开业，两年后改名美美力诚，成为成都乃至整个西南地区最为高端的精品百货商场。随着2004年古驰和2006年爱马仕在成都的第一家店开业，美美力诚成为高端奢侈品消费的重地，直到2014年成都IFS和远洋太古里相继开业之后，美美力诚才逐渐式微。

时间的烟火

1995—2005 成都城市影像记忆

2001年4月24日，成都伊藤洋华堂总经理城木信隆（前排中）被评为成都市第一个外国劳动模范

    1997年11月21日，成都伊藤洋华堂春熙店开业。春熙店既是伊藤洋华堂海外第一店，也是潮牌聚集的一站式购物休闲地。开业25年后，春熙店于2022年12月31日闭店。

2001 年 4 月，身着蛋糕裙的麦当劳模特吸引小朋友迫不及待地吃蛋糕

  1999 年圣诞节，麦当劳餐厅在总府路王府井百货开设了中国西部第一家店。成都市民从凌晨 2 点前来排队，计划在 12 月 25 日上午 7 点才开门的麦当劳不得不提前 30 分钟卖出在成都的第一个汉堡，到晚上 11 点半，3 万名成都市民吃下了 2 万个汉堡、2.7 万个鸡翅，喝下了 1.4 万杯饮料，创下麦当劳中国连锁店日就餐人数最高纪录。

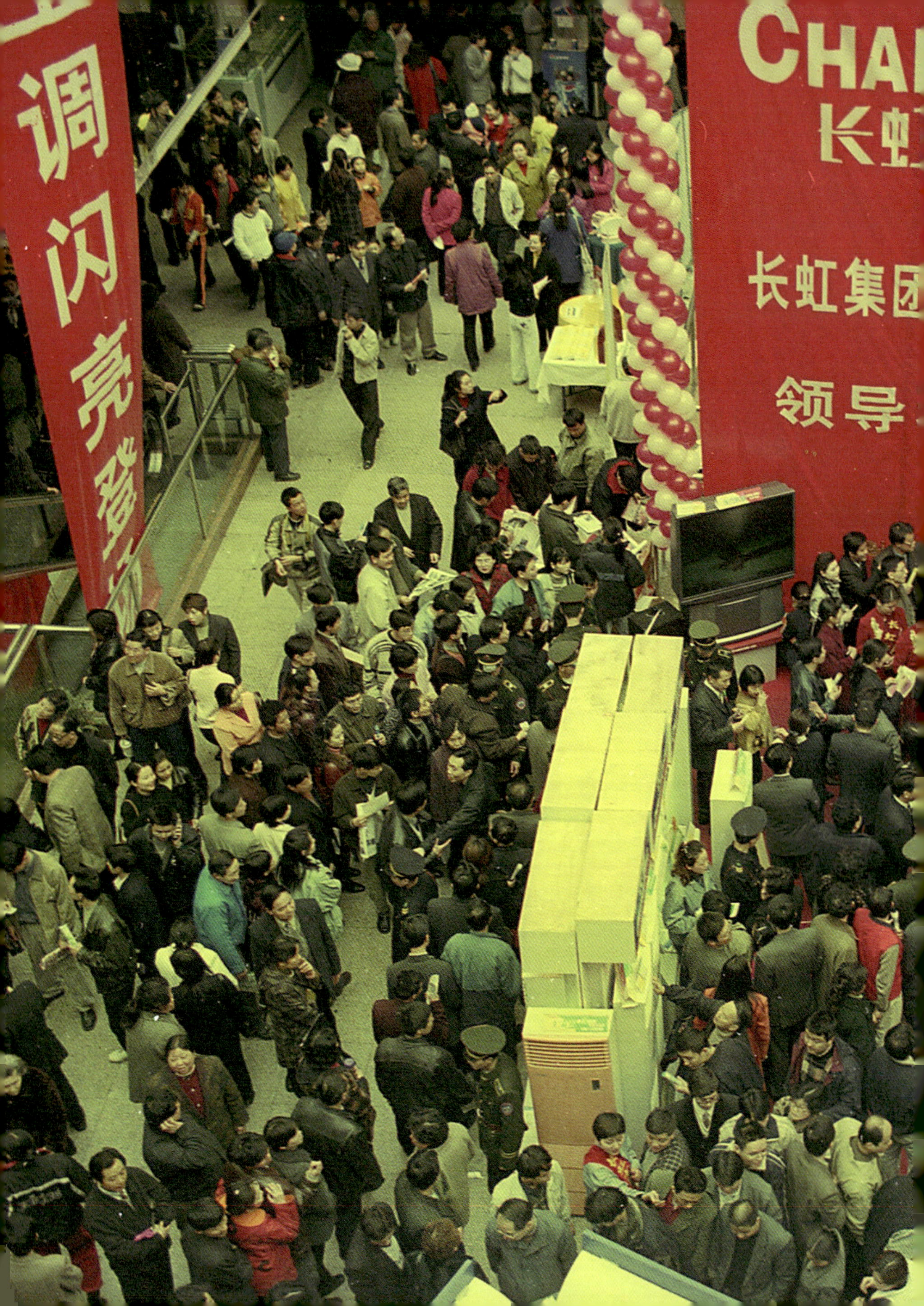
调闪亮
长虹集团
领导

2001年9月23日,长虹董事长兼CEO倪润峰在成都人民商场签名卖彩电,受到明星般的待遇,闻讯而来的数百人排着长队等待他签名

时间的烟火

1995—2005　成都城市影像记忆

2002 年，
可口可乐与联想电脑联合在成都做宣传

时间的烟火

1995—2005 成都城市影像记忆

2002年6月，家乐福成都大世界店开业，让成都市民体验到全新的开放式购物方式

　　家乐福成都八宝街店于1999年开业，是家乐福在成都的第一家门店，也是最早入驻成都的大型商超。该店于2021年9月30日停止营业。

2002年11月2日，
蓝光玉林生活广场景象，这里是成都早期的玉林商业综合体

时间的烟火

1995—2005 成都城市影像记忆

2004年10月1日，
专注于为女性服务的太平洋百货春熙新馆开业

2004年11月，
成都红旗超市董事长曹世如、百货大楼总经理罗霞、
科伦药业董事长刘革新在企业家论坛上

传音传心

1995年,《成都商报》《华西都市报》等报纸开启了市场化报纸的先河,报社摄影记者经历了胶卷冲扩、扫描,拨号点对点,发稿到互联网的过程。成都发展看《成都商报》,大街小巷的报摊,家家户户的报箱,家庭订报……上班第一件事看报已成为一种习惯,街头看报的人比比皆是。后来,科技的发展、互联网的兴起,彻底改变了人们的生活。

传呼机是20世纪末中国重要的通信工具。1983年,上海开通国内第一家寻呼台,传呼机进入中国内地。1985年,成都第一家传呼台——电信126台在蜀都大厦屋顶立起了发射台。当年,数字机一年180元、汉字机一年600元的服务费让普通人望而却步,可以说传呼机就是身份的象征。20世纪90年代中期,成都逐渐有了海发、联通、武警、新闻、武侯、爱华、明星、成华、汇通、大西南、蜀都、岷山、交大、华冠、体育、战旗、八一、税务、星光、126、186、187、2166等传呼台。

1994—1999年是成都传呼业的高速发展期,传呼台最多时达到60余家。1996年底,成都传呼用户达到70万左右。这段时期,在太升南路形成了"通信一条街"。

大哥大最早由美国摩托罗拉公司发明。1973年4月3日,世界上第一部手机在纽约曼哈顿的摩马丁·库帕托罗拉实验室里诞生,意味着一个新的时代的开始。20世纪90年代,在成都街头拿着"砖头"大哥大的都是一部分先富起来的个体从业者。2001年6月,中国移动通信集团公司完全关闭模拟移动电话网,大哥大成为历史。

时间的烟火

1995—2005 成都城市影像记忆

1995年，成都春熙路的文风书屋、益文书店

时间的烟火

1995—2005 成都城市影像记忆

1995年12月15日，
人民北路报纸分发现场

1995年，
阅报栏前看报的市民

时间的烟火

1995—2005 成都城市影像记忆

1995年，市场化报纸《成都商报》引发成都经济电视台的关注，电视台对其市场化过程进行了报道

1996 年，武警传呼台的接线员正在工作

时间的烟火

1995—2005 成都城市影像记忆

1996 年，成都街头的报刊摊

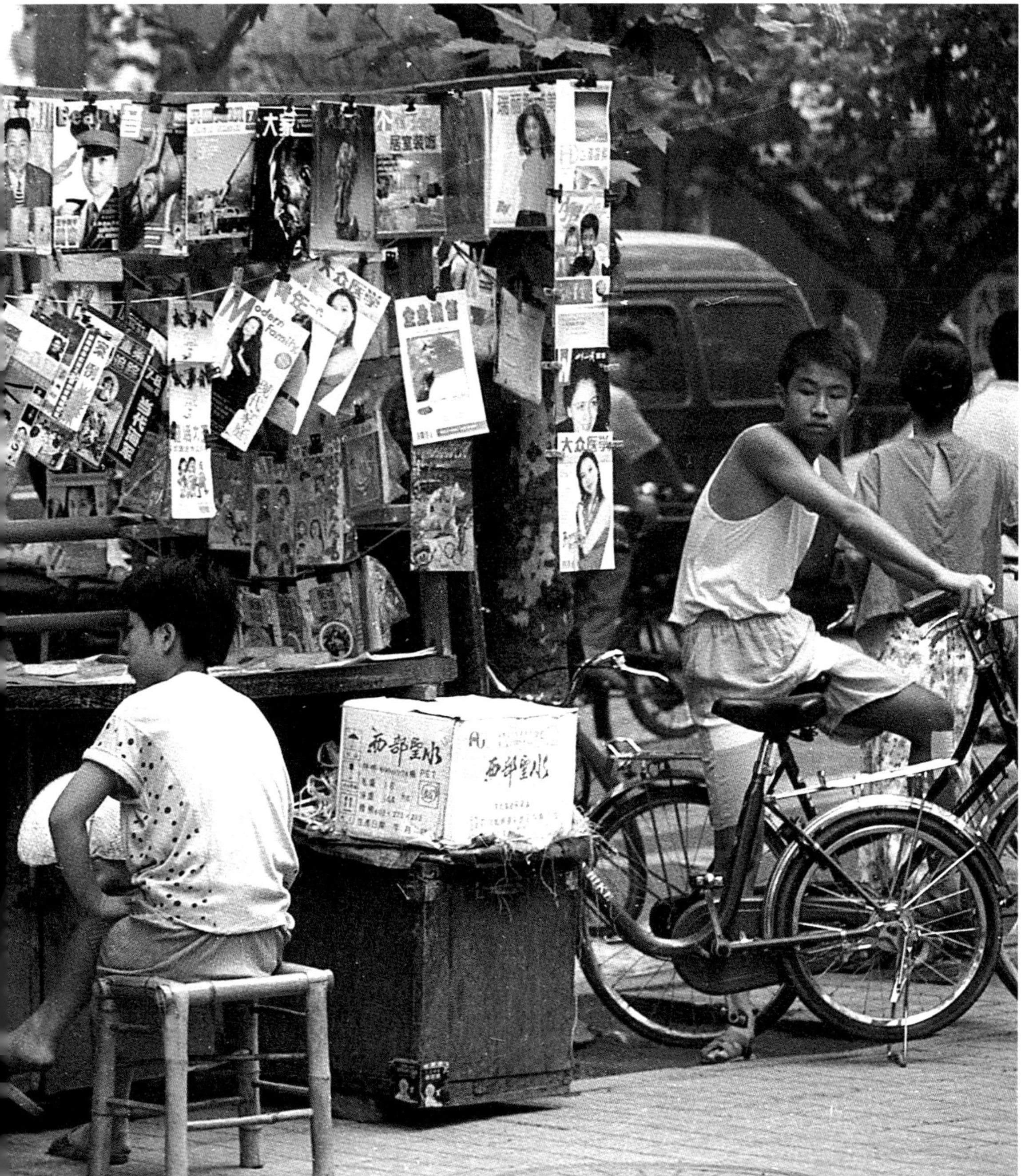
居室装饰
大众医学
Modern Family
大众医学

时间的烟火

1995—2005 成都城市影像记忆

1997年，红星路上的《四川日报》星光彩扩部是媒体摄影记者集中冲胶卷的地方

1997年，商业场门口的阅报栏

时间的烟火

1995—2005 成都城市影像记忆

见此图标
微信扫码

回溯时光,带你回味记忆中的老成都

微信扫码

看·名人趣谈
寻·天府文化
品·成都印象

1998年,
"通信一条街"——
太升南路上手拿大哥大的市民

时间的烟火

1995—2005 成都城市影像记忆

1998年，太升南路上的中国电信广告

2000年，富士数码相机首次在成都亮相，
《华西都市报》摄影记者陈兵在现场体验

时间的烟火

1995—2005 成都城市影像记忆

2000 年,
大发市场的电子出版物专区

2002年8月18日，
彩绘彩妆女孩为国产手机做宣传

时间的烟火

1995—2005 成都城市影像记忆

2004年11月，太升南路上的通信城广告

2004年，太升南路文化宫通讯广场收购手机、小灵通的小商贩

伍

芙蓉面貌 桃花颜
———————————————

你可记得1997年意大利菲亚特公司的名车法拉利、玛莎拉蒂首次到成都巡游，成都万人空巷？你可记得法拉利、玛莎拉蒂形象小姐甘静和方敏？你可知道成都电视台主持人廖三怡和张毅是从"朵而杯"主持人大赛中脱颖而出的？你可知道西南精英模特大赛中夺冠的赵丽萍曾是皮划艇运动员？你可知道当年还是14岁的中学生、作为参赛年龄最小的选手的张思思因为修长的身材引发媒体关注？你可知道就职新华社的刘瑾曾是红芙蓉青春风采比赛的冠军？你可知道崔宗利、王海珍也是从成都的新丝路模特大赛走出来的？你可知道曾经的足球宝贝王志千后来成了川航的第一个女机长？……

成都被誉为"美女之都"，在成都街头，"三步一个张曼玉、五步一个林青霞"。成都又把美女称为"粉子"，她们不仅有姿色，更有一种妖娆和摇曳。春熙路上身着迷彩连衣裙的女孩、街头穿背带裤的阳光女孩、身着校服背双肩包的女孩、身材姣好的街头女孩……她们那个时候的着装打扮现在看来依然时尚。来自全国的美丽女孩乘坐人力三轮车巡游成都、圣诞宝贝乘宝马车在人民南路巡游，这些场景和画面永远留在了我们的脑海中。

成都被称为"选秀之城"，从超级女声选拔赛中走出了李宇春、张靓颖、谭维维等在全国有影响的人物，令人对成都刮目相看。其实，20多年前成都就有各种选美选秀。豹纹、皮裤、墨镜等等，是20多年前在成都焦点俱乐部上演的时装秀元素，在今天看来仍然前卫。成都虽地处西南，但在时尚方面一直不输北上广等一线城市。

第 21 届世界大学生运动会礼仪小姐选拔、中国国际超模比赛、西南精英模特大赛、广告模特大赛、足球宝贝、新丝路模特大赛、中华小姐、西南航空公司空姐选拔、含羞草健身小姐大赛、红芙蓉青春风采等，成都选秀比赛不断。从比赛走出来的彭丽亚、冯寒、任芳、何茜子等佳丽，很长一段时间行走在成都的各大 T 台，活跃在大众的视野中。从成都走出去的广西姑娘黄超燕也闯进北京成为各大品牌的宠儿。当年在成都选秀比赛出来的这些女孩，她们的生活轨迹也因此发生了变化。

1998 年，奢侈品大牌路易·威登在国人对奢侈品知之不多的时候就率外模在成都锦江宾馆做了一场箱包巡回展。为迎接第四次世界妇女大会，成都人又在四川省展览馆上演了一场成都人自己的服装品牌大秀，通过服装和造型展示了四川女性的风采风貌。成都的王府井百货、太平洋百货、春南商场、协和商场、尖东名店，甚至假日酒店也在那个年代通过模特在 T 台、商场中庭展示各个品牌的服装，包括泳装和内衣秀。当时的名模陈娟红、马艳丽也走进商场为菲拉格慕、杉杉等品牌助阵，引领时尚潮流的香港设计师品牌也把目光投向了成都。王新元、张肇达等服装设计师视成都为最好的市场之一，川籍设计师沈龙更是把他设计的有别于日常穿着的华服、妆容带回了成都，让成都市民欣赏到时尚的时装艺术。

成都在 20 世纪 90 年代就有了张晓的"璞玉"、曾琼的"中国盒子"、乔杰的"单位一"这些独立设计师品牌，成都很多女性的衣橱里都挂着这几个独立设计师品牌的衣服，包括我自己。

　　成都频繁的各大时装秀还成就了一大批如黄超燕、赵丽萍、郑晓燕、陈思思、冯寒、彭丽亚等优秀的时装模特，以及陈翔等创办的模特经纪公司，他们在那个年代活跃在成都的各大秀场，他们在T台上所展示的美不仅装点了成都，也为服装产业带来了发展机遇。

时间的烟火

1995—2005 成都城市影像记忆

1996年8月，
在岷山拉萨大酒店举办首届含羞草健身小姐大赛

四川省首屆全委會

辦單位
省體委
協會
視台
團

时间的烟火

1995—2005 成都城市影像记忆

1997年，
法拉利、玛莎拉蒂形象小姐方敏（右）和甘静（左）

1997年，
法拉利、玛莎拉蒂形象小姐选拔赛现场

时间的烟火

1995—2005 成都城市影像记忆

1998年3月12日，成都电视台举办养生堂"朵而杯"五城市电视主持司仪新秀大赛成都地区选拔赛

时间的烟火

1995—2005 成都城市影像记忆

1998年9月30日，1998服装服饰博览会上，马艳丽、陈娟红在"不是我是风"专场上展示设计师张肇达、王新元设计的服装

1998年，焦点俱乐部戴墨镜，着豹纹、皮裤的模特在T台上展示

时间的烟火

1995—2005 成都城市影像记忆

1998年，路易·威登150周年箱包巡回展大秀在锦江宾馆举行

1998 年，
为可口可乐拍广告的女孩

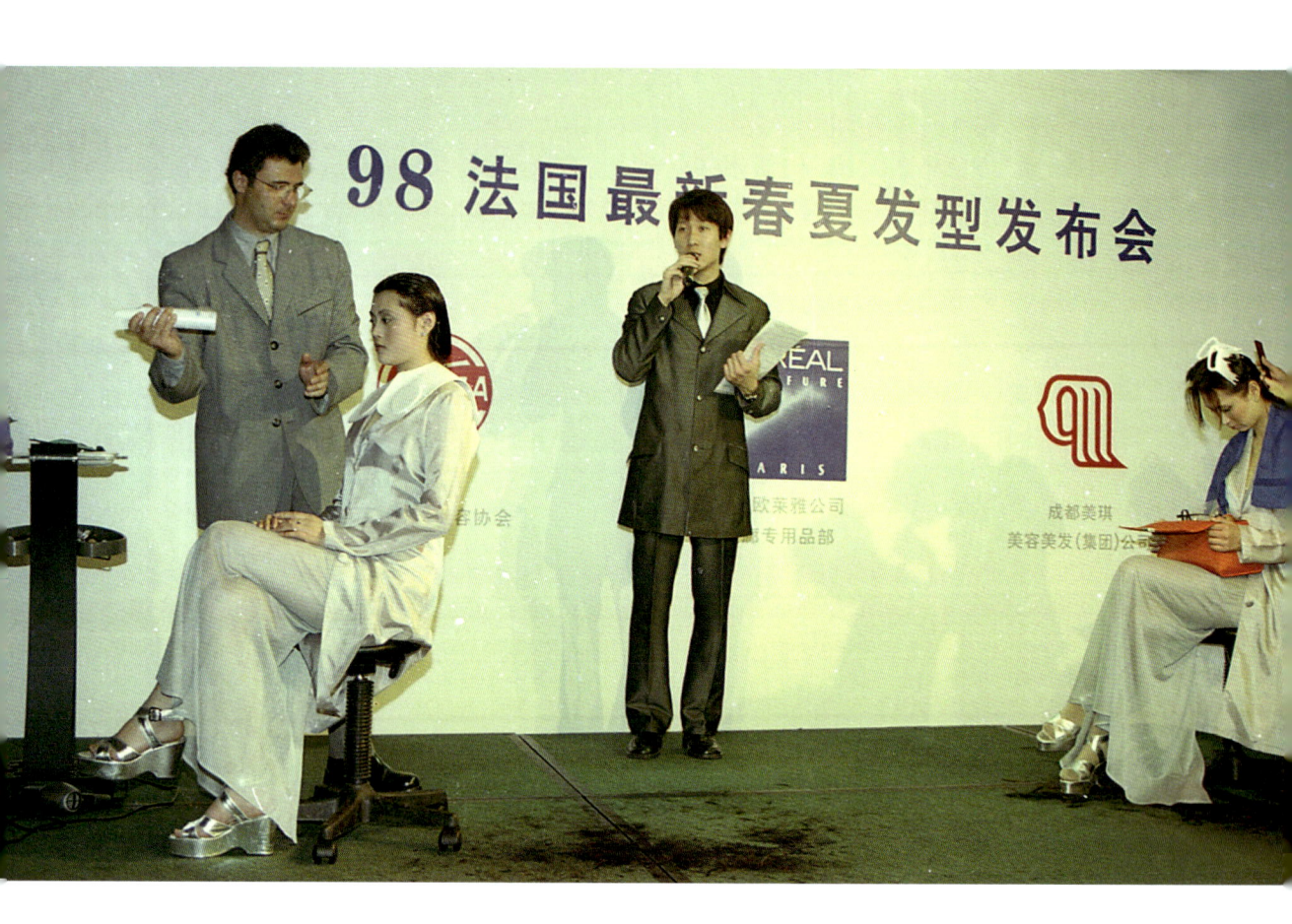

时间的烟火
1995—2005 成都城市影像记忆

1998年，《美容时尚报》举办法国最新春夏发型发布会

1998年，新世纪酒店举办模特选秀

时间的烟火

1995—2005 成都城市影像记忆

1998年，
天龙二周年欢庆之夜时装秀

1998 年，
中国成都"九龙广场杯"服装服饰设计大赛颁奖晚会

时间的烟火

1995—2005 成都城市影像记忆

1998年，中国服装设计大赛现场

1999年，西南航空公司空姐选拔

1999年，
在成都举办的泳装秀

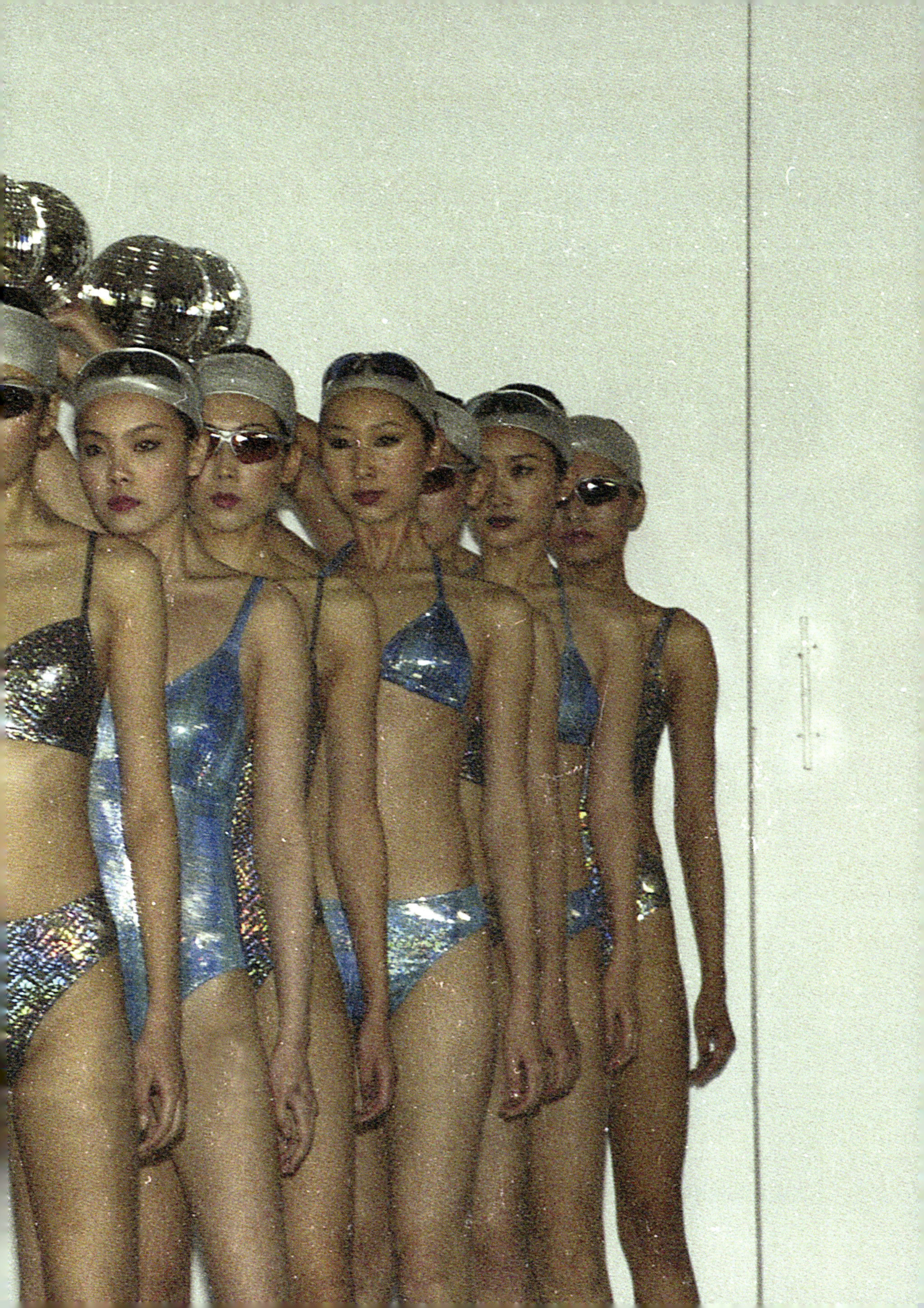

时间的烟火

1995—2005 成都城市影像记忆

1999年，
在成都电视台举办
红芙蓉青春风采成都
赛区选拔赛

中国首创
专利号ZL 972082441

1999年，
在成都街头的学生

时间的烟火

1995—2005 成都城市影像记忆

1999年，
第五届中国超级模特大赛四川分赛选拔赛四川十大名模选拔赛现场

1999年，在华兴街曾琼创立的"中国盒子"门店前，品牌创始人之一和模特赵丽萍

时间的烟火

1995—2005 成都城市影像记忆

1999年，
梦特娇大秀给成都带来了运动时尚风

1999年，参加模特大赛的女孩在后台准备

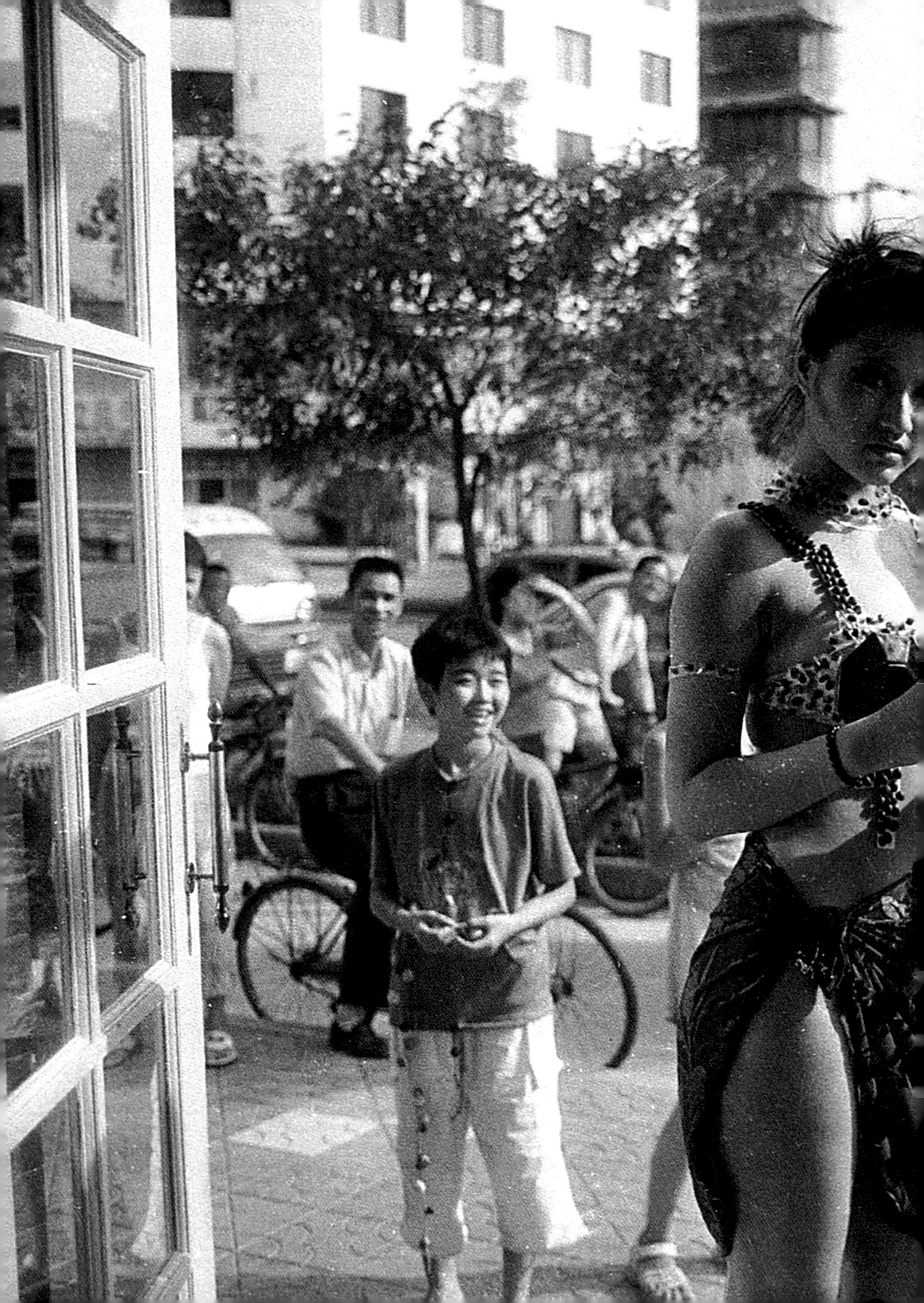

2000年7月,
彩绘女孩端着咖啡在成都街头

时间的烟火

1995—2005 成都城市影像记忆

2000年，太平洋百货时尚内衣秀

2001年8月，第21届世界大学生运动会礼仪小姐选拔大赛

时间的烟火

1995—2005 成都城市影像记忆

2001年,从成都比赛走向更大舞台的新丝路模特姜培琳、王海珍在成都

1999年7月24日,中国首席女模在四川省体育馆诞生,时年20岁的王海珍戴上了这顶桂冠,引起人们的争议。第二天,报纸刊文毫不客气地说她"与亚军、季军相比,无论是相貌还是身材都有一定差距",但这并不妨碍她一举成名并开始在影视圈受宠。

时间的烟火

1995—2005 成都城市影像记忆

2002年4月26日，品牌内衣秀

2002 年 4 月 27 日，仁和春天百货夏季服装秀

时间的烟火

1995—2005 成都城市影像记忆

2002年5月31日，府南河边的彩绘女孩

2002年5月31日，世界杯足球宝贝王志千，后来成为川航第一位女机长

时间的烟火

1995—2005 成都城市影像记忆

2002年9月7日，参加车展的成都模特们

时间的烟火

1995—2005 成都城市影像记忆

2002年9月9日，宝姿品牌请外模走了一场大秀

2002 年 12 月 5 日，在中国国际美容时尚周上，模特展示设计师设计的发型

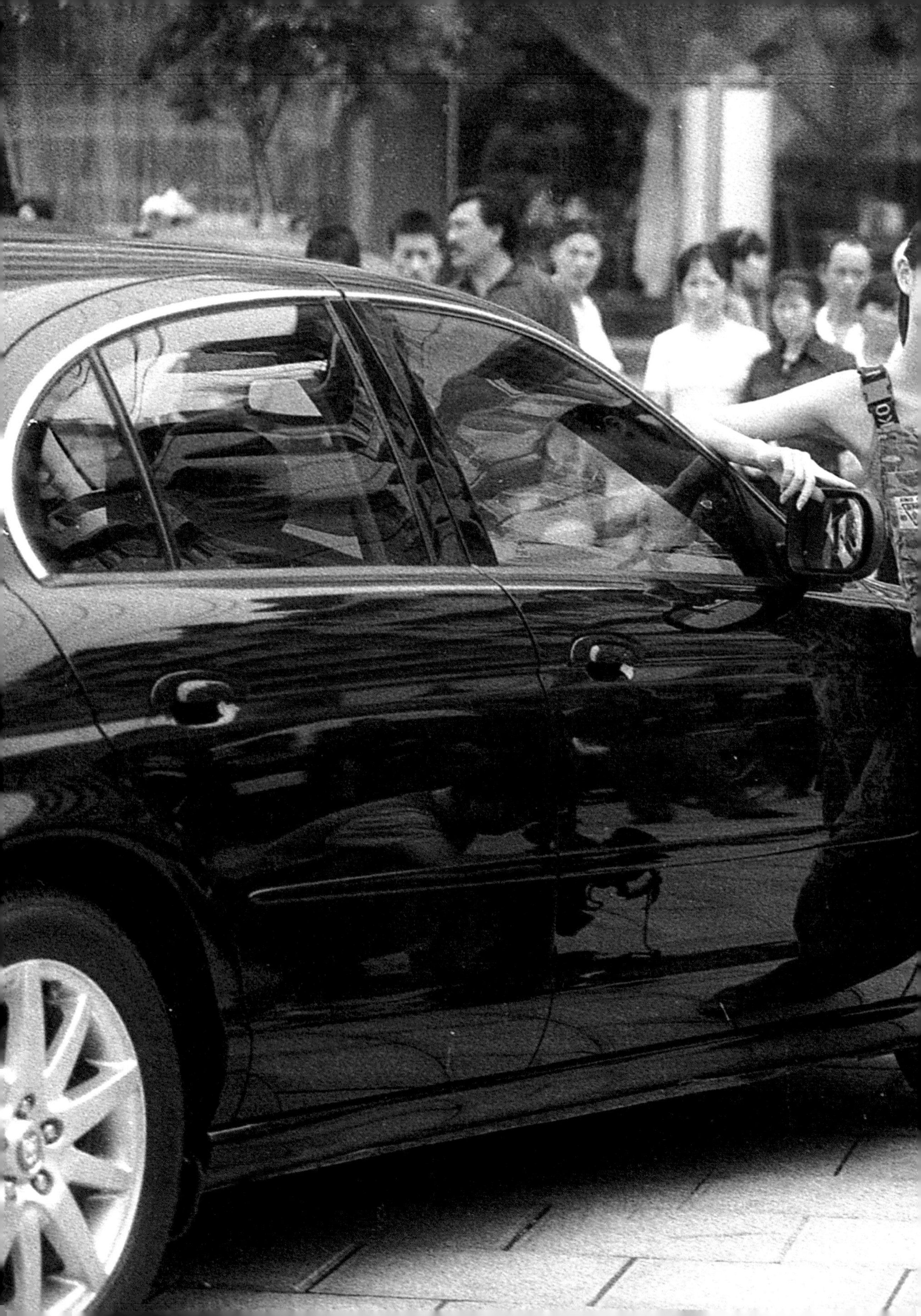

2002年，成都街头的车模

时间的烟火

1995—2005 成都城市影像记忆

2003年1月4日，在锦江宾馆举办的第14届中国真维斯休闲设计大赛上，在成都发展的广西姑娘黄超燕

2003年6月23日，新丝路模特大赛冠军杜鹃（左一）在成都春熙路

2003年8月12日,
成都女孩任芳、彭丽亚和当时14岁的冯寒在成都书院西街

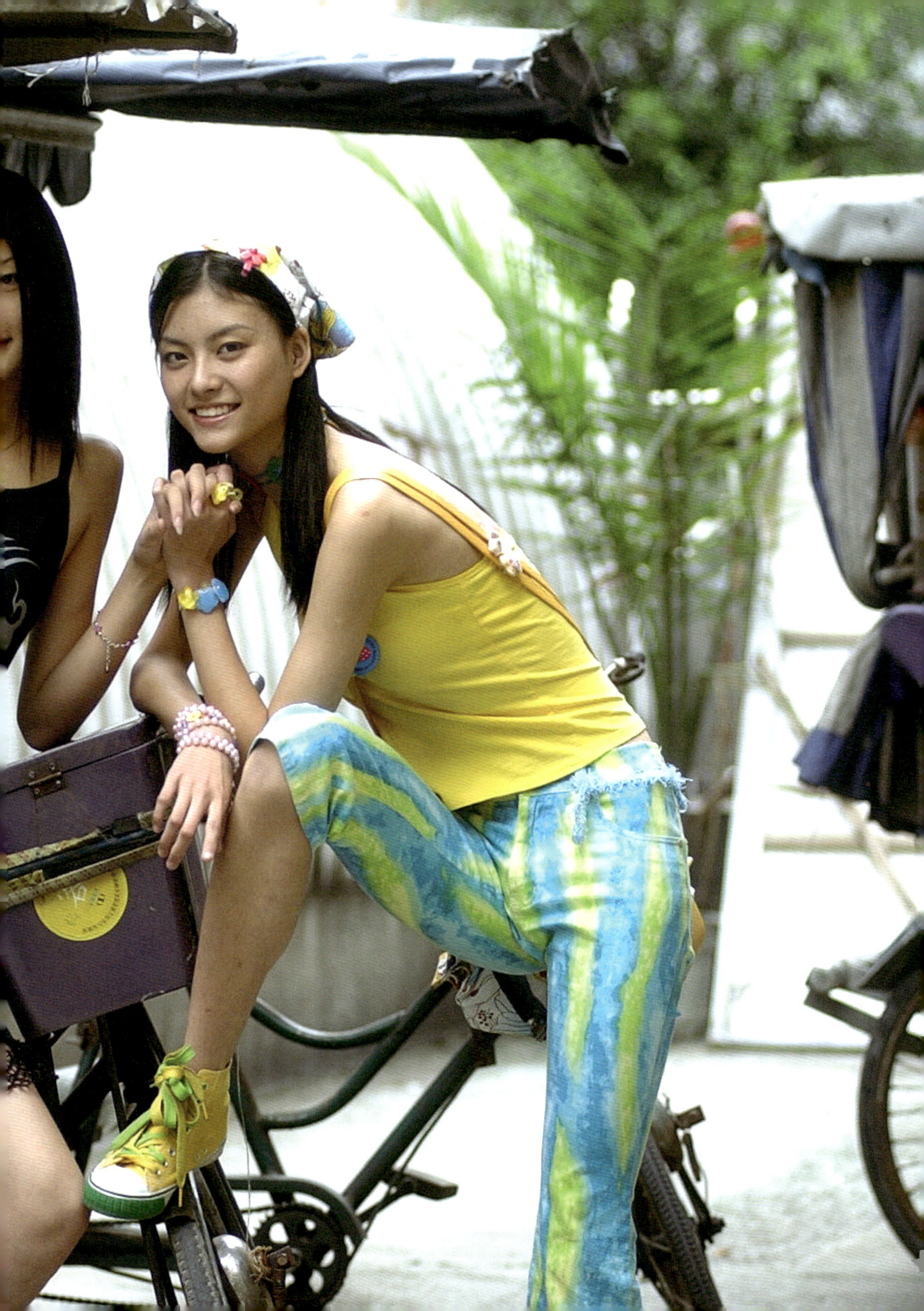

时间的烟火

1995—2005 成都城市影像记忆

2003年10月5日，参加成都美丽女孩选秀节暨时尚商品交易会的女孩乘坐三轮车经过天府广场

2003成都美丽女孩选秀节暨时尚商品交易会吸引全国知名企业、机构人员来到成都，这次活动从无数才貌俱佳的成都女孩中选拔出了秘书小姐、空姐、售楼小姐、影视新秀、主持人及其他时尚行业人才，让成都美女走向全国。

时间的烟火

1995—2005　成都城市影像记忆

2004年12月24日，在美容时尚周，美琪美容美发设计师肖萍为观众展示美发技艺

2004年12月27日，新丝路模特大赛冠军、世界小姐第4名李冰在成都熊猫城举办的成都国际时尚周姚峰先生设计概念专场上

中国名模李冰从96名世界佳丽中脱颖而出，夺得第51届世界小姐评选大赛第4名的好成绩，成为本次大赛唯一进入十佳并获殊荣的亚洲选手。这是世界小姐大赛举办50年来中国内地第一次派选手参加。

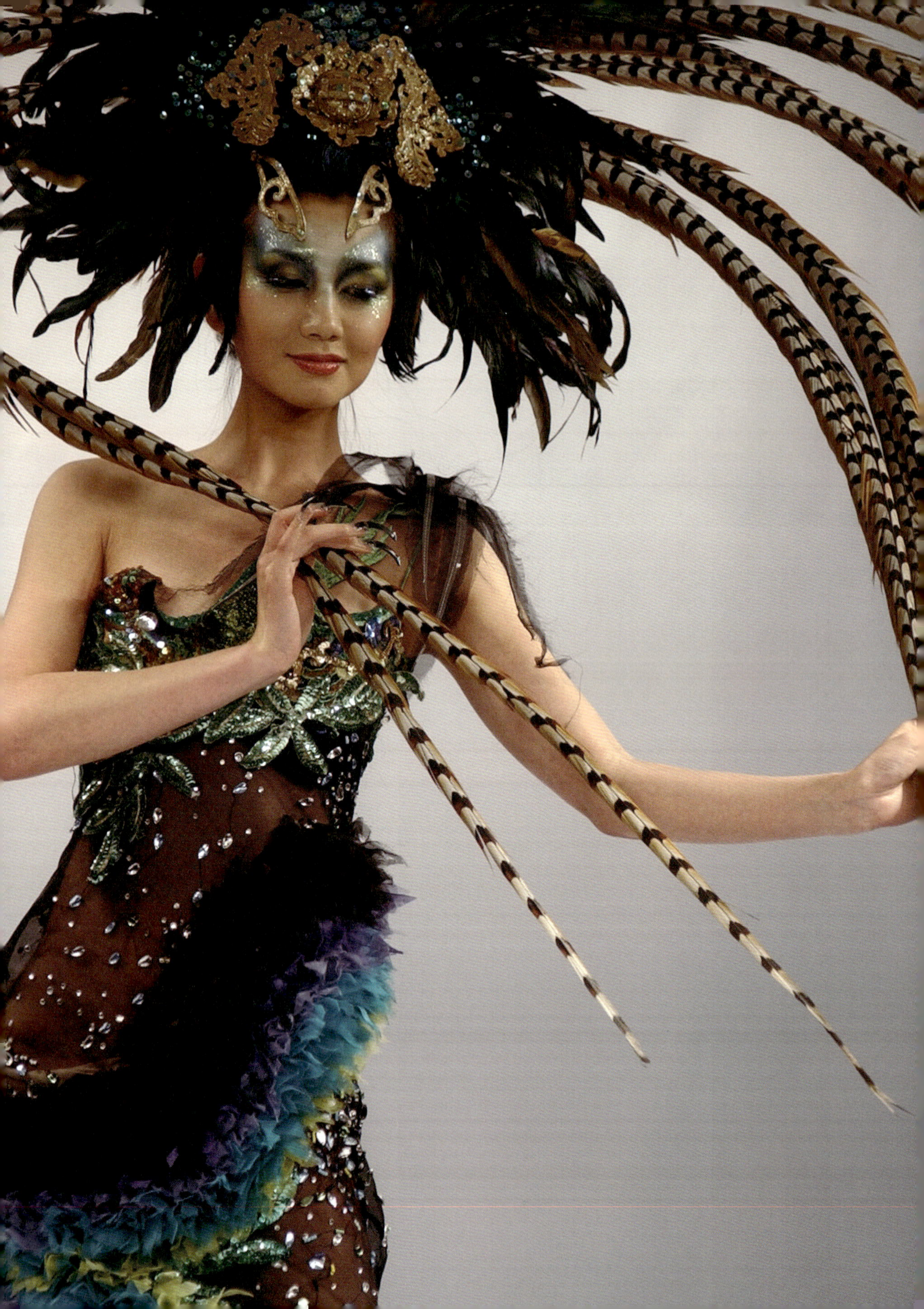

2005年3月3日，
超模姜培琳在成都凯宾斯基饭店"万瑞之夜"
上展示成都服装设计师沈龙设计的华服

微信扫码

回溯时光

带你回味记忆中的**老成都**

寻·天府文化
为你解答天府文化的众多谜题。

看·名人趣谈
文娱圈的朋友如何评价这本书？

品·成都印象
带你感受这座城市的底蕴与活力。

陆

悠闲居住 是成都

巴蜀笑星

2004年，在东郊记忆《成都商报》读者日展览上，我又看到了散打王李伯清"横空出世"的图片，展览用这样的文字描述这张图片："1994年，商报记者因对新闻敏锐的洞察力，最终让一个民间说书艺人走向了更大的舞台。"

1994年秋天，张宪民和我采访拍摄了当时还在茶馆说书和散打的艺人李伯清。通过《成都商报》率先报道后，李伯清迅速走红。其散打、评书、段子曾在电视台开专场播出，同期李伯清发行个人专辑21集，很快成为家喻户晓的艺人。后又在央视开讲评书、段子，川人第一次以评书艺术亮相全国。尔后李伯清参与多部影视剧，并多次获全国、省、市各级奖项，作为公众人物，直到20多年后被称"李伯伯"的他也一直活跃在大众的视野中。2000年2月23日，由四川电视台第一套电视剧场投资拍摄的24集四川方言剧《假打外传》，开机仪式在塔子山附近一个农家乐举行，李伯清突然宣布要离开成都出走重庆，并掩面而泣。当时一些媒体刊登了一些对李伯清不满和责难的文字，面对责难他想到过退隐江湖，但因为喜爱他的观众和等待施教的学生，所以他做出选择，落户抛出橄榄枝的重庆市群众艺术馆。李伯清泪光闪烁、掩面而泣的画面被我记录了下来。2002年4月21日，李伯清离川以后首次回川，在成都锦城艺术宫为散打评书迷进行汇报演出，这是他作为一个平民艺术家首次在锦城艺术宫举行个人专场表演。李伯清为本次专场表演精心创作了两个多月，演出以精彩的散打语言全面展示了他独特的艺术才华。

同时期，《华西都市报》与四川省文化厅、重庆市文化局联合主办的首届巴蜀笑星擂台赛评出了刘德一、沈伐、李伯清等深受观众喜爱的"十大巴蜀笑星"，不少优秀的喜剧表演新秀也脱颖而出。第一届巴蜀笑星刘德一、沈伐、李伯清、涂太中、凌宗魁、凌淋、李永玲、王迅、吴文、景雯等活跃在当时的方言电视剧《假打外传》《府河人家》《下课了，要雄起》里。这群巴蜀笑星活跃于舞台，走红影视圈。

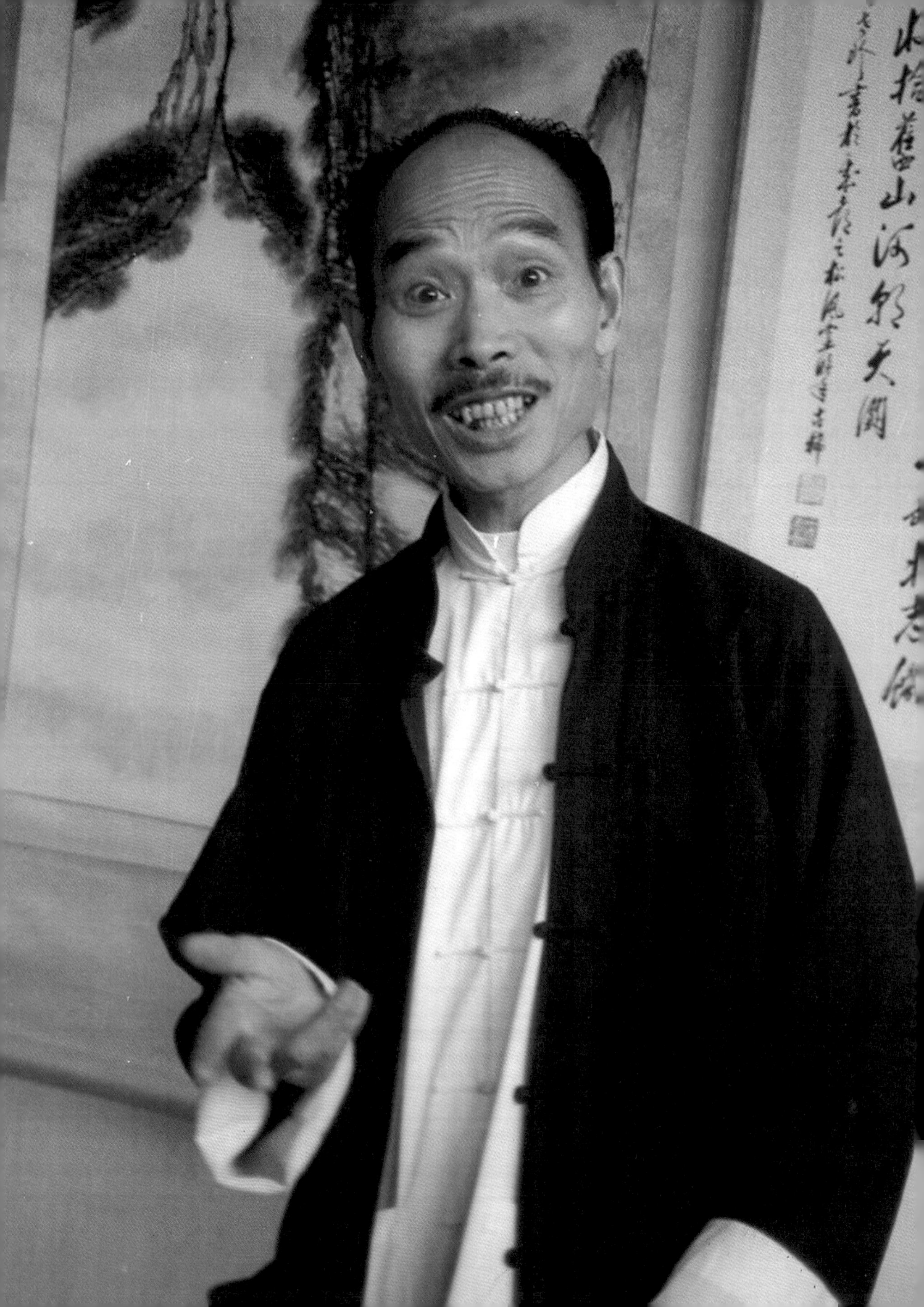

1994年7月,
李伯清首次接受媒体采访,
从此走上更大的舞台

时间的烟火

1995—2005 成都城市影像记忆

见此图标微信扫码

回溯时光,带你回味记忆中的老成都

看·名人趣谈
寻·天府文化
品·成都印象

1997年,中江表妹李永玲在温江水上乐园表演

时间的烟火

1995—2005 成都城市影像记忆

1998 年，
巴蜀笑星在一起

377

时间的烟火

1995—2005 成都城市影像记忆

1998年，《下课了，要雄起》开机仪式集体照

1999年，沈伐和四川人艺的演员在排练新版川剧《抓壮丁》

时间的烟火

1995—2005 成都城市影像记忆

1999年，电视剧《府河人家》拍摄现场

1999 年，《山城棒棒军》梅老坎的扮演者庞祖云在王府井商场门口演出

时间的烟火

1995—2005 成都城市影像记忆

2000年2月23日，
在由四川电视台拍摄的24集
四川方言剧《假打外传》开机
仪式上巴蜀笑星与媒体见面

时间的烟火

1995—2005 成都城市影像记忆

2000年2月23日，
在《假打外传》开机仪式上的李伯清和媛凤

2000年，
巴蜀笑星廖小宣和胖妹刘军

时间的烟火

1995—2005 成都城市影像记忆

2002年，刘德一、彭登怀为北京2008年奥运会宣传活动签名

2002年4月21日，
李伯清从重庆回成都后在锦城艺术宫的专场演出

超级女声

2004年，超级女声选秀大赛盛极一时，以安又琪、张含韵、宋嘉欣、王媞、李宇春、张靓颖、冯家妹、谭维维、何洁、文瑶等为代表的"超女"走红，并成为娱乐圈的特别现象。

超级女声以其群众性、互动性和娱乐性，在中国娱乐界产生了颠覆性的影响，成为值得人们回忆和思考的文化事件之一。

时间的烟火

1995—2005 成都城市影像记忆

2004年8月,
张含韵、宋嘉欣、王媞在成都

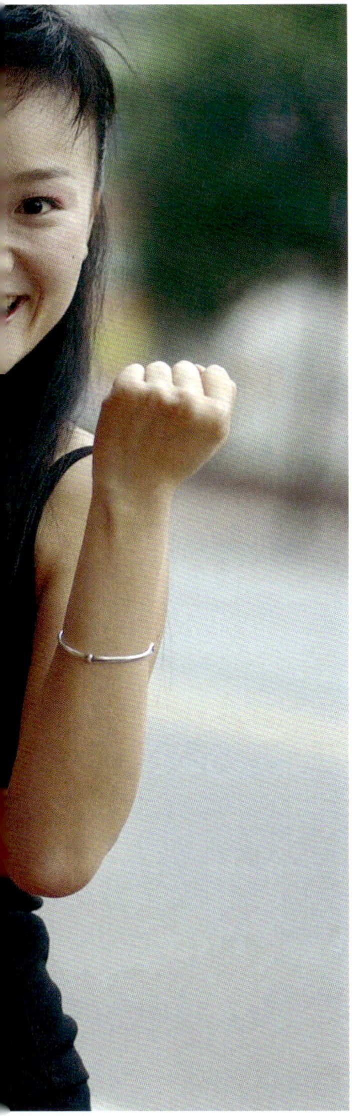

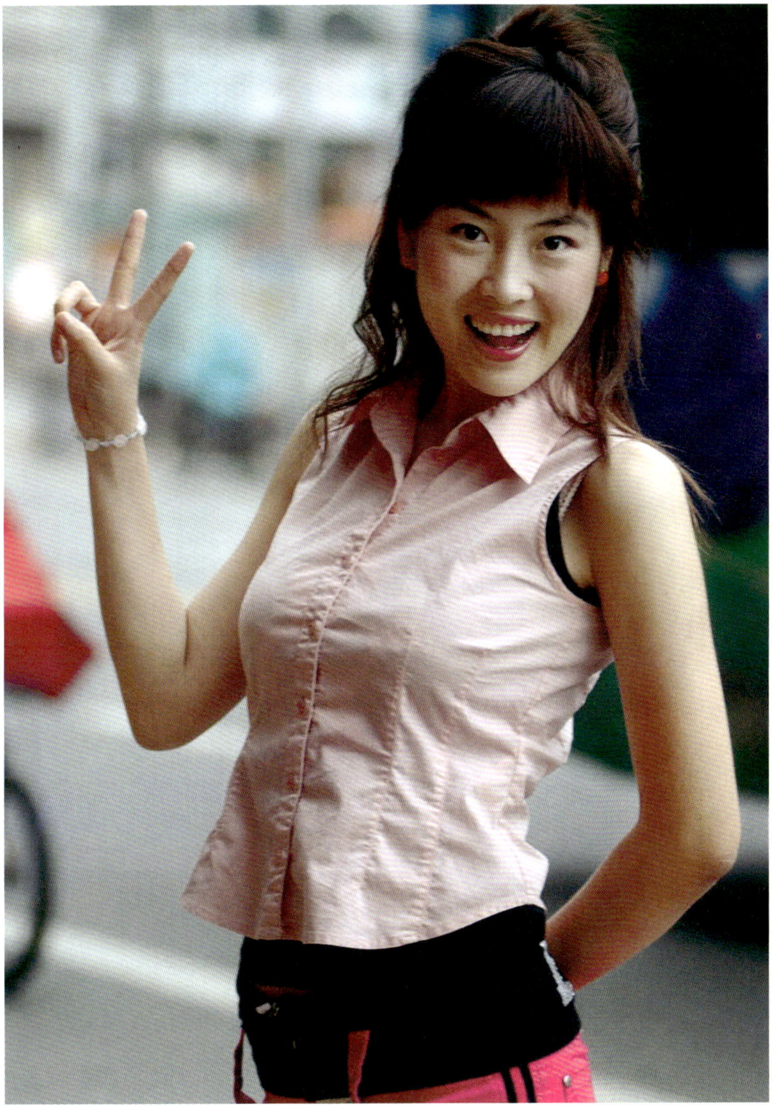

时间的烟火

1995—2005 成都城市影像记忆

2004年8月，第一届超级女声三人组合在成都街头

2004年8月，第一届超级女声三人组合在红房子婚纱影楼拍宣传照

时间的烟火

1995—2005 成都城市影像记忆

见此图标
微信扫码

回溯时光,带你回
味记忆中的老成都

微信扫码

看・名人趣谈
寻・天府文化
品・成都印象

2005年6月25日,决赛前的超级女声选手和歌迷们在一起

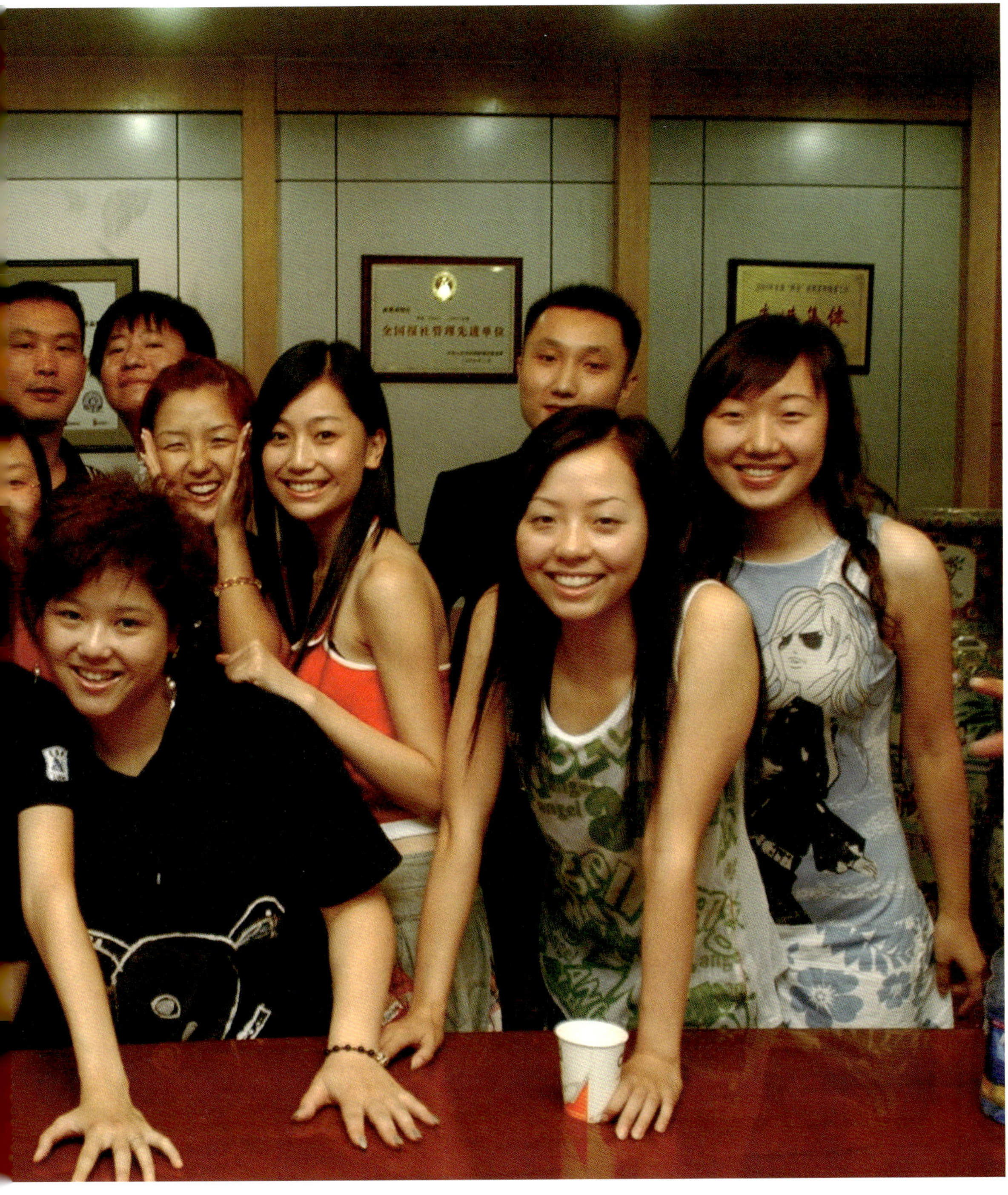
全国报社管理先进单位

时间的烟火

1995—2005 成都城市影像记忆

2005年6月26日，超级女声决赛前选手李宇春、文瑶、张靓颖、何洁、冯家妹在《成都商报》接听读者热线

时间的烟火

1995—2005 成都城市影像记忆

2005年6月26日，超级女声决赛前李宇春、张靓颖、何洁、文瑶在《成都商报》接听热线

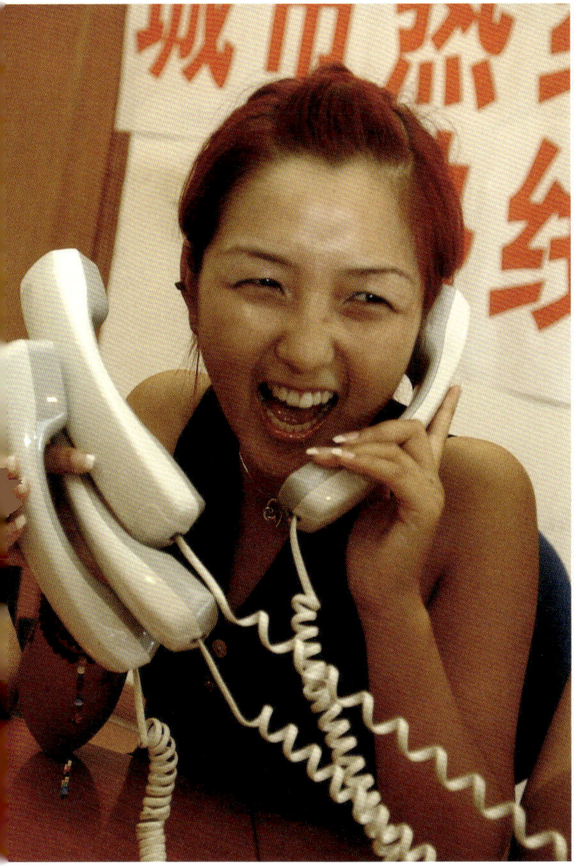

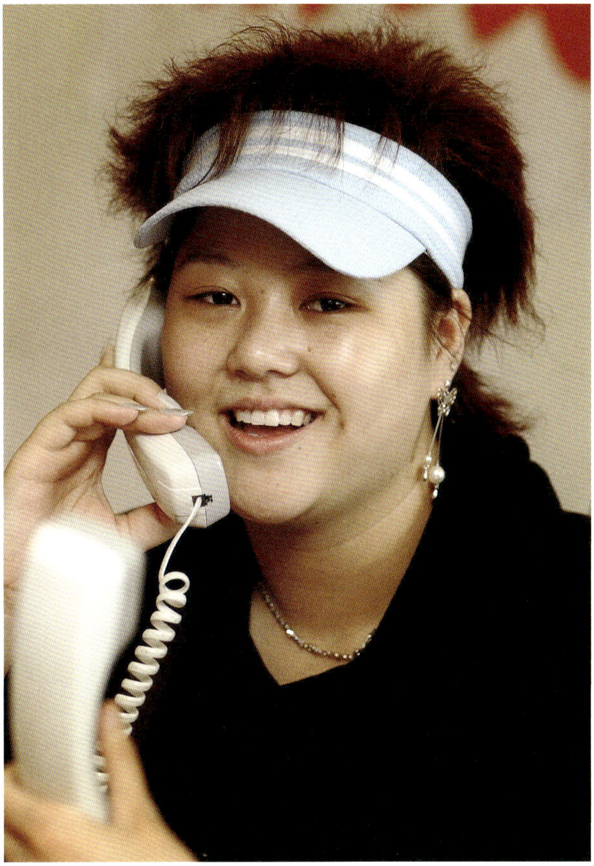

热线电话

热线电话是时代的产物，在没有互联网的时代媒体都开通了热线电话，这个电话的功能不仅仅是接收热线新闻报料，还是与读者沟通交流、释疑解难的一个通道。在《成都商报》热线电话开通期间，有各路艺人、作家、演员、导演、歌手、体育明星、超级女声选手，如张艺谋《一个都不能少》剧组、《大雪无痕》剧组，黑豹、陈琳、苏慧伦、马季、乔榛、丁建华、腾格尔、柯受良、温莉蓉等通过热线与读者交流；更有房产、高考、法律服务、消防咨询、股票等服务热线为读者解决生活中的问题。

时间的烟火

1995—2005 成都城市影像记忆

演员张铁林　　　　　　　　　　　　导演张艺谋

配音演员乔榛

时间的烟火

1995—2005 成都城市影像记忆

配音演员丁建华

相声演员马季

歌手腾格尔

时间的烟火

1995—2005 成都城市影像记忆

歌手陈琳 　　　　　　黑豹主唱秦勇 　　　　　　歌手解晓东

演员柯受良　　　　　　　　　演员、歌手任贤齐

时间的烟火

1995—2005 成都城市影像记忆

歌手苏慧伦

歌手杭天琪

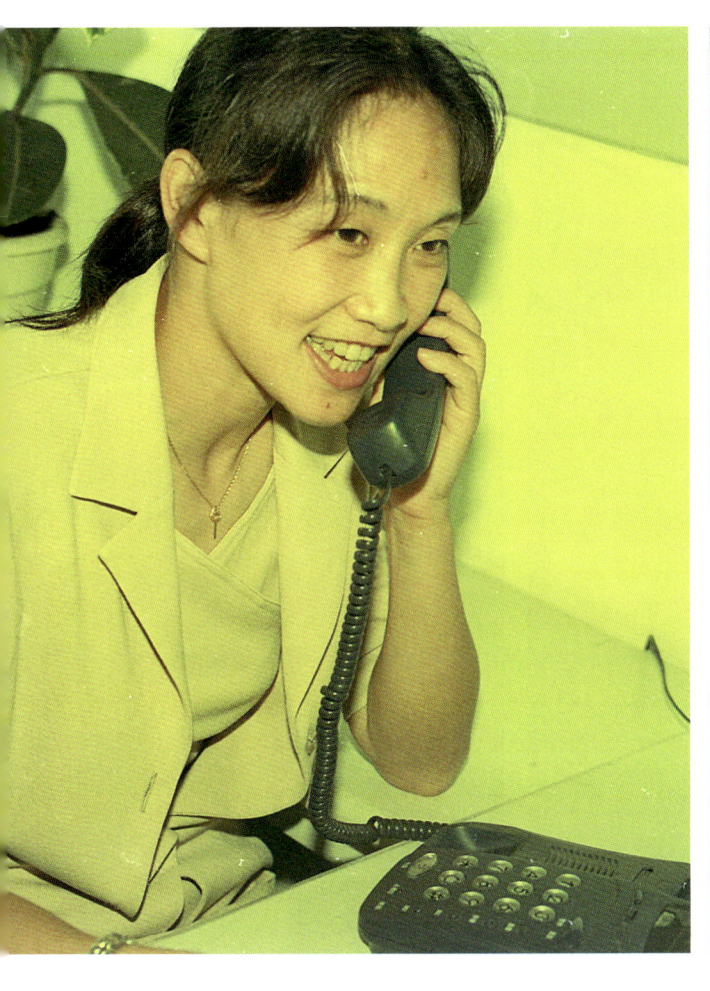

女足球员温莉蓉

柔道冠军唐琳

时间的烟火

1995—2005 成都城市影像记忆

高考热线交流

高考关怀热线

时间的烟火

1995—2005 成都城市影像记忆

公安咨询服务热线

股市服务热线

集体婚礼

幸福会蔓延,一对对新人叠加,唤醒时光的温暖。

时间的烟火

1995—2005 成都城市影像记忆

1998年，维纳斯影楼为新人在南郊公园举办集体婚礼

看 · 名人趣谈
寻 · 天府文化
品 · 成都印象

见此图标 微信扫码 回溯时光，带你回味记忆中的老成都

时间的烟火

1995—2005 成都城市影像记忆

1999年9月9日，成都最壮观的集体婚礼

1999年9月9日，129对新人在《成都商报》的组织下向几百万市民集体秀了一场"世纪婚礼"。

1999年9月9日，王刚和董凡主持世纪婚礼

时间的烟火

1995—2005 成都城市影像记忆

2004年10月1日，40对外来务工者在青少年宫举办2004东方伊甸园青春婚典，这是国内首次为外来务工者举办集体婚礼

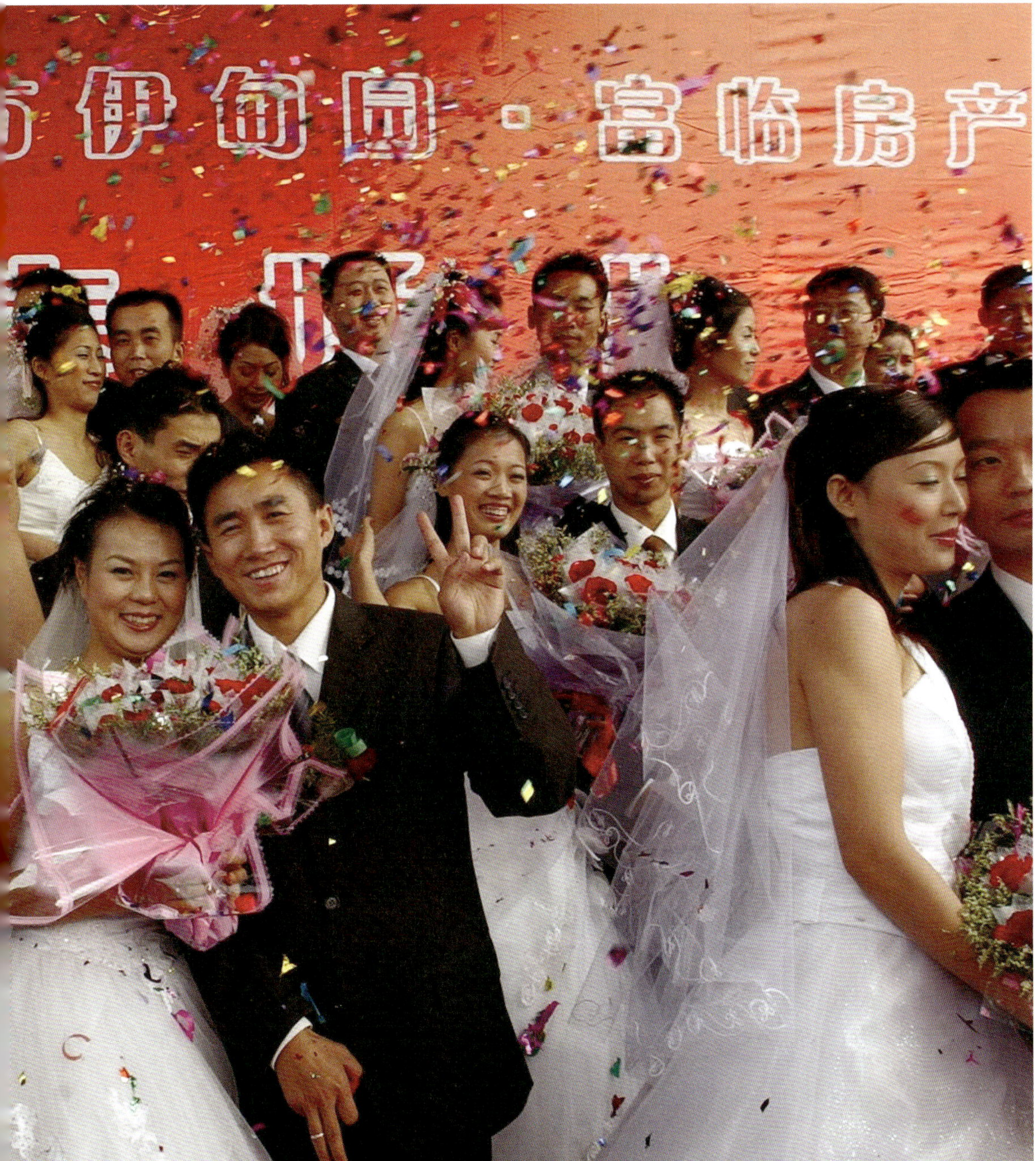
伊甸园·富临房产

蓝顶印象

2003年8月,周春芽、郭伟、赵能智、杨冕4位艺术家找到了机场路一排闲置的厂房作为自己的绘画工作室,因厂房是蓝顶铁皮,遂被命名为蓝顶艺术中心。这里很快成为全国的艺术磁场,吸引了何多苓、罗发辉、舒昊、符曦等艺术家的进驻。

2005年1月18日,由《成都商报》、成都现代艺术馆、深圳美术馆共同主办的"居住在成都——2005中国当代油画邀请展"在成都会展中心隆重开幕。成都蓝顶艺术中心何多苓、周春芽、郭伟、罗发辉、杨冕、刘虹、张小涛、沈小彤、张发志、赵能智、屠宏涛、符曦、舒昊、熊宇等艺术家的作品在展览上展出。栗宪庭、罗中立、张晓刚等艺术家参加了开幕式。此次展览在当年引起了很大的反响。

"居住在成都——2004中国当代油画"在深圳美术馆成功举办展览,将视线集中于长期蛰居成都并有着突出个人风貌的当代油画家。当时展览是这样介绍成都和成都艺术家的——成都,无论对中国都市文化还是对中国当代艺术而言,都是一块奇特的土地。偏安西南一隅,身陷盆地之围,从三星堆的古铜老玉一路延至温吞吞的盖碗茶,成都的脉动始终保持着舒缓的节奏,这独特的节奏似乎无人能打破。与此同时,成都的温性中又包裹着急性,封闭里又迫望着沟通。从装扮前卫的时尚青年到媒体笔下"中国第四城"的美誉,在热辣辣中浸泡良久的成都,几乎创造了一个突破地域性的神话。封闭性与开放性的奇特共生不仅反映在成都的都市性格中，也映射在了这一地区的艺术创作中。这片远离中原的沃土上，竟然奇妙地聚居着一批先锐的中国当代艺术家——生活方式本地化与言语方式全球化的强烈反差，让人不得不对他们及蒙养他们的栖所投以好奇的、窥探的目光。

2004年，居住在成都的策展人、深圳美术馆艺术总监鲁虹认为，在周春芽、何多苓、张晓刚等一大批艺术家的带动下，当时四川的艺术家有一种抱团的现象，这在其他地方是没有的。他们这批艺术家是走在改革开放前列的艺术家，而且他们还带动了新一辈的艺术家。

2006年6月,《成都商报》热线接到老蓝顶画家徐牧原打来的热线电话，他向热线反映，蓝顶艺术中心周边的环境因为制鞋厂、家具厂等工厂产生的粉尘污染非常严重，使艺术家苦不堪言，严重影响了艺术家的生活和创作。原本这是社会新闻部的事情，但因为我和王潇之前报道过"居住在成都"，与蓝顶的艺术家比较熟，又了解蓝顶的情况，于是我和王潇承担起此次社会新闻的报道任务。

来自陕西的画家徐牧原在他的工作室向我们介绍了蓝顶的污染情况，工作室外面的植物被厚厚的粉尘覆盖，刺鼻的油漆味让人无法忍受。恰逢三圣花乡荷塘月色刚刚打造好准备营业，报道出来后，有关人员马上与我们取得联系，希望我们牵线搭桥，欢迎蓝顶的艺术家到环境优美的荷塘月色落户。

当时我们电话联系的是艺术家周春芽，他正和蓝顶的艺术家在法国蒙彼利埃参加中国双年展蓝顶艺术展，在电话里他欣然接受三圣花乡抛出的橄榄枝。

2007年1月，蓝顶艺术中心迁往荷塘月色，周春芽、何多苓、郭伟、赵能智等艺术家先行入驻新的蓝顶艺术中心。荷塘月色新蓝顶艺术中心从此成为成都新文化地标之一。

时间的烟火

1995—2005 成都城市影像记忆

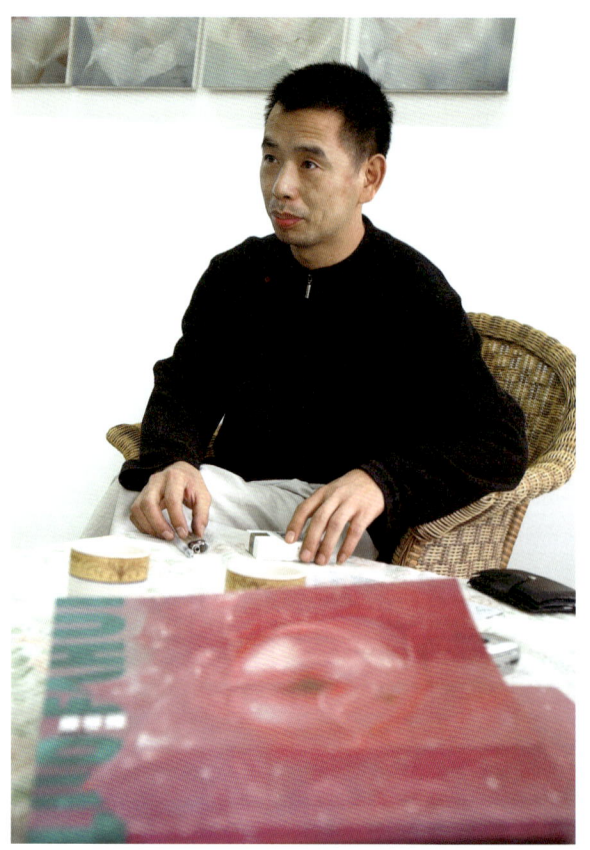

周春芽与《绿狗》

艺术家罗发辉在蓝顶

艺术家何多苓在蓝顶　　　　　　　　　　　　艺术家符曦在蓝顶

时间的烟火

1995—2005 成都城市影像记忆

艺术家郭伟和女儿郭伊在蓝顶

"居住在成都——2005中国当代油画邀请展"展示周春芽的《绿狗》

艺术家杨冕在蓝顶

时间的烟火

1995—2005 成都城市影像记忆

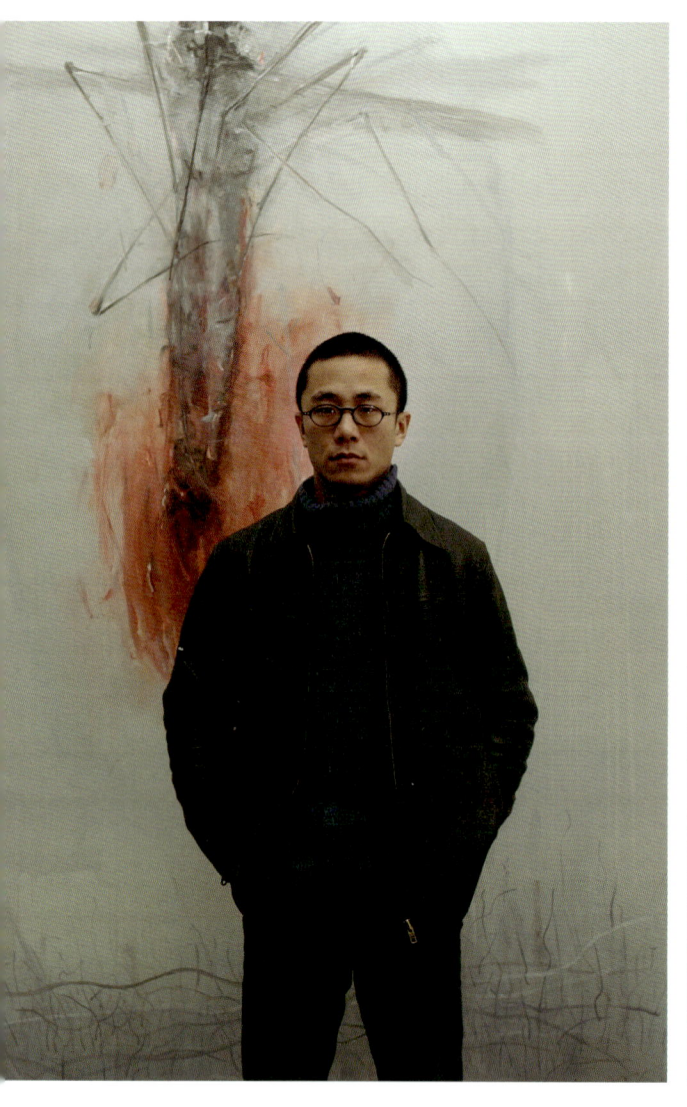

艺术家舒昊在蓝顶

艺术家屠宏涛在蓝顶

艺术家赵能智在蓝顶

时间的烟火

1995—2005 成都城市影像记忆

2005年1月25日，法国蒙彼利埃市市长艾莲娜·芒德鲁一行和艺术家周春芽在机场路老蓝顶艺术中心

时间的烟火

1995—2005 成都城市影像记忆

2005年1月18日，由《成都商报》、成都现代艺术馆、深圳美术馆共同主办的"居住在成都——2005中国当代油画邀请展"（简称"居住在成都"）在成都会展中心隆重开幕

栗宪庭（中）和艺术家在"居住在成都——2005中国当代油画邀请展"上

时间的烟火

1995—2005 成都城市影像记忆

艺术家张发志在蓝顶

"居住在成都——2005中国当代油画邀请展"现场

时间的烟火

1995—2005 成都城市影像记忆

"居住在成都——2005 中国当代油画邀请展"现场

艺术家唐蕾和女儿在"居住在成都——2005中国当代油画邀请展"上

2005年6月22日,艺术家徐牧原在他的工作室外介绍蓝顶的污染情况

后记

如果不是改革开放四十周年展览总策展人李杰老师邀约有关成都文化事件的图片，我早年拍摄的底片可能仍被束之高阁不知何时能见天日。加之在成都远洋太古里、成都购书中心、新希望D10等场所举行的主题个展，以及有关老成都故事分享的邀请，迫使我对过去拍摄的底片进行梳理。

新冠疫情三年让贪玩的我裹足在家，静下心来扫描尘封已久的底片，模糊的记忆随着几万张底片呈现的影像慢慢清晰立体起来。

最终确定的三百多张呈现出来的影像是1995—2005年的一个缩影，这里面也许有你、有他的经历，更有我的青春和记忆。时间让记忆模糊，影像又唤起我们的记忆，这些影像是成都十年的一个快闪，希望能通过瞬间切片看到成都的发展脉络。

同时，梳理的过程也是我对成都再认识、再了解的一个过程。这些被定格的瞬间在记忆深处被慢慢地唤醒，我又重新置身于曾经生活和工作的老成都，重温那些年发生的事件，那些被拍摄的音容笑貌，一切好像就在昨天……昨天的瞬间成为今天的历史，能在回望中与这些人再次相遇也是一种美好。

时间的烟火

1995—2005 成都城市影像记忆

当无意间和李真真聊起1997年中国当代作家五粮液笔会，我采访拍摄作家汪曾祺的故事时，真真说汪老是她的舅公，她的妈妈当时在文联，正是那次活动的组办方，真真说或许也拍摄到了她的妈妈。当我打开文件夹，看到汪老和真真已经离世的妈妈在一起的照片时，我们俩热泪盈眶。真真说，这是她妈妈不多见的工作照，没想到我记录了下来。汪老来成都参加笔会那年真真还在读小学，现在真真已经是四川人民出版社的副社长了，我的书也是真真所在出版社的选题，一切都是最好的安排。

我决定把汪老和真真妈妈在一起参加笔会的照片放在书里，虽然它不是我拍汪老最满意的一张，但格外有意义。

2000年10月，中国西部论坛在成都开幕。《新周刊》于西部论坛开幕前夕——9月15日出版了特刊"第四城"。成都被命名为"第四城"，一时成为西部论坛的热门话题。

当《新周刊》的孙冕在朋友圈看到2001年"第四城"新周刊团队的照片时，他写下了一段文字：日前，成都的媒体朋友发来这幅图片，正是当年《新周刊》在成都做"第四城"特刊发布会时留下的纪念。谁拍的？我要请他喝酒！

……

每张照片背后都有一个故事。

在整理资料时，我发现一个熟悉的身影——当年的成都市青羊区教育局领导娄局长，当时我们并不认识，但现在已成为朋友。他看到照片后感慨留言：

谢谢阿娟，您让我想起了当年的岁月。2003年，大批农民工涌入城市，为了解决他们子女的入学问题，我们在全国率先破冰，实行"就近入学，免费入学"，"农民工走到哪里，小孩的读书就解决到哪里"，让他们与城里的学生一样免费享受优质教育。20多年过去了，好多农民工子女已经成了这座城市的主人。今天的青羊区教育依然熠熠生辉。

底片里，藏着太多有故事的人，太多青涩的青春……有不知名的普通人，有文化艺术界的名角大家，有为社会做出贡献的令人尊重的学者，还有许多人在这个时间段里成长为各个领域的佼佼者。很多拍摄对象成为我生命中的良师益友。

当然，也有人离去，也有人销声匿迹，也有人起起落落，让人各种唏嘘。

因为职业我们成为时代的亲历者、见证者和记录者。那时正是传统纸媒最辉煌的时期，有人说我们赶上纸媒的黄金时期，有人说我们创造了纸媒的辉煌，应该是我们赶上了蓬勃发展的时代。

每天关注和报道在这个城市发生的事件和事件相关的人，在没有互联网的年代每天获取比其他工作更多的信息和资讯，媒体生涯让我对社会、对世界有了快速认知和了解的渠道，视野的开阔也让我用自己的方式来观察和思考。感谢时代，感谢我的老东家《成都商报》让我在磨砺磨炼磨难中成长。

感谢现在很多人已经陌生的柯达、富士、爱克发、乐凯胶卷，黑白电影盘片和早期的数码相机。它们色彩和风格表现各成一派，经历过胶卷时代的

时间的烟火

1995—2005 成都城市影像记忆

你也许会在书中呈现的照片中判断出所用胶卷的品牌。

这十年的瞬间，从点到线到面，一个五光十色、活色生香，一个有诗有酒有义有故事的成都由模糊到清晰。每个人都在时间里从容地生活，感受光阴的美好，让我们回望距离我们不太遥远的成都。

时间无情，让人衰老离去；时间有意，许多美好让我们回忆。

时间流转，瞬间永恒。

相遇是一种缘分。能在时间的长河、芸芸众生里与你们相遇并定格在数百分之一秒或千分之一秒的瞬间，相信这就是一种缘分。我向所有出现在影像里的知名的、不知名的人，哪怕只是一个背影，表达我的敬意和祝福，因为你们让我们的日子活色生香，因为你们我们看到时代的痕迹，希望这种缘分能延续下去。

能和四川人民出版社相遇也是一种缘分，感谢黄立新社长、李真真副社长、袁璐主任对出版选题的认可，感谢责编雷棚对我一次次修改调整的理解和包容，以及排版设计李秋烨、封面设计衡星好、前期整理邵显瞳和所有小伙伴的倾力付出。

同时，感谢成都市地志办将本书纳入首批"成都历史文化精品丛书"。地方志是"一方之全史"，影像图片是重要的地方志资料，成都市地志办的支持赋予了这部作品"传承文化基因，赓续成都文脉"的独特价值。